AMERICANISM

Hans Ibelings
AMERICANISM

Nederlandse architectuur en het transatlantische voorbeeld

Dutch Architecture and the Transatlantic Model

NAi Uitgevers/Publishers

Inhoud

	Voorwoord	5
	Inleiding	6
1945-1955	Pax Americana	8
1950-1970	De Amerikanisering van Nederland	30
1965-1980	Anti-Amerikanisme	60
1975-1997	Een Amerikaanse invasie	74
	Noten	101
	Colofon	104

Content

	Foreword	5
	Introduction	6
1945-1955	Pax Americana	8
1950-1970	The Americanization of the Netherlands	30
1965-1980	Anti-Americanism	60
1975-1997	An American Invasion	74
	Notes	101
	Colophon	104

Voorwoord

Vijftig jaar nadat de Amerikaanse minister van Buitenlandse Zaken George Catlett Marshall in zijn Harvard-lezing op 5 juni 1947 de aanzet heeft gegeven voor het hulpprogramma dat naar hem is vernoemd, het zogenaamde Marshall Plan, wordt in Nederland stilgestaan bij de Amerikaanse steun aan het herstel na de Tweede Wereldoorlog. De herdenking dit jaar, die in Nederland uitgebreider wordt gevierd dan in enig ander Europees land, is een eerbetoon aan de Verenigde Staten, vanwege de visie die aan het Marshall Plan ten grondslag lag en aan de inspanning die de individuele burgers van dat land hebben geleverd aan de wederopbouw van Europa. Daarnaast is de herdenking een gelegenheid om zowel de betekenis van het Marshall Plan te evalueren als de invloed van de VS op de naoorlogse Europese cultuur.

Deze uitvoerige herdenking van het Marshall Plan is voor Nederlandse begrippen opmerkelijk, gezien de zuinigheid waarmee destijds is omgesprongen met het tonen van erkentelijkheid aan de Amerikanen. Er zijn wel officiële brochures gemaakt voor Amerikaanse lezers – zoals in 1949 *Here we are Uncle Sam* – die iets van de Nederlandse dankbaarheid toonden, maar het is opvallend hoe weinig aandacht er in Nederland, afgezien van overheidspropaganda, was voor de Marshallhulp. Dat blijkt bijvoorbeeld uit de vele gelegenheidsboeken die in 1950 en in 1955 verschenen en waarin de wederopbouw is gedocumenteerd. De woorden Marshall Plan komen daar zelden in voor en als dit begrip al aan bod komt, worden er weinig meer dan enkele alinea's aan besteed.

Uit deze afwezigheid hoeft overigens niet te worden afgeleid dat het Marshall Plan geen indruk zou hebben gemaakt. Tot op de dag van vandaag is het een begrip dat deel uitmaakt van het collectieve bewustzijn van de Nederlander. Eerder lijkt het alsof de Amerikaanse bijdrage aan het herstel van Nederland al snel zo vanzelfsprekend werd gevonden dat nagenoeg niemand het nodig vond om er nog veel woorden aan te wijden. Daarmee past het in een tendens dat wat de VS betreft in Nederland na 1945 heel veel als vanzelfsprekend wordt ervaren, zozeer dat vrijwel niemand er meer bij stilstaat hoezeer de Amerikaanse cultuur in ons dagelijks leven is doorgedrongen.

J. Jessurun
Voorzitter van de Raad voor Cultuur
Bestuurslid van de Stichting Viering 50 Jaar Marshall Plan

Foreword

Fifty years after the American Secretary of State, George Catlett Marshall, speaking at Harvard University on 5 June 1947, gave the initial impetus for the aid programme named after him, the so-called Marshall Plan, people in the Netherlands are reflecting upon American support for economic recovery in the wake of the Second World War. This year's commemoration, which is being celebrated more extensively in the Netherlands than in any other European country, is a tribute to the United States for the vision underlying the Marshall Plan, and to the contribution made by individual citizens of that nation to the post-war reconstruction of Europe. In addition, the commemoration is an opportune moment to evaluate both the significance of the Marshall Plan and American influence on post-war European culture.

This comprehensive commemoration of the Marshall Plan in the Netherlands is all the more remarkable considering the country's fairly low key expressions of appreciation at the time. Although official pamphlets aimed at American readers – such as *Here we are Uncle Sam* in 1949 – expressed something of the country's gratitude, it is striking how little attention Marshall Aid received in the Netherlands outside government propaganda. Take, for example, the many commemorative publications that appeared in 1950 and 1955 and that documented post-war reconstruction: the Marshall Plan is seldom mentioned by name and when it is, does not rate much more than one or two paragraphs.

This absence should not, however, be taken to mean that the Marshall Plan made no impression on the Dutch. The words 'Marshall Plan' still strike a chord in the Netherlands, indeed they have entered the nation's collective consciousness. Rather, it is as if the American contribution to the Netherlands' recovery was so soon regarded as self-evident that scarcely anybody thought it necessary to devote many words to it. As such it fits in with a more general post-1945 tendency in the Netherlands where the US is concerned: so many things are regarded as self-evident that people rarely stop to consider how much our daily life has been permeated by American culture.

J. Jessurun
Chairman of the Cultural Heritage Council
Board Member, Fiftieth Anniversary of the Marshall Plan Foundation

Inleiding

De Marshallhulp heeft een substantiële bijdrage geleverd aan het economische herstel van Europa, in Amerikaanse ogen een garantie voor politieke stabiliteit. De economische hulp waaraan de naam van George C. Marshall onlosmakelijk is verbonden, vormde daarnaast een stimulans voor de acceleratie van een internationalisering op ieder gebied: economisch, politiek, militair en cultureel. Bovendien versterkte de Marshallhulp de cohesie tussen de (West-) Europese landen en de transatlantische banden die sinds de bevrijding in mei 1945 toch al zo voelbaar waren.

Meer dan ooit tevoren werden de Verenigde Staten het voorbeeld voor een toekomst die Europa, en Nederland, te wachten stond. In de jaren vijftig en zestig was dat toekomstbeeld voornamelijk rooskleurig en positief. Het dédain dat voor Amerika bestond gedurende de eerste helft van de twintigste eeuw, vooral in (linkse) intellectuele kringen, zou na de oorlog niet verdwijnen maar wel grotendeels aan het zicht worden onttrokken door het overheersende enthousiasme voor al het nieuwe uit de VS.[1] In de loop van de jaren zestig veranderde de Europese kijk op Amerika. De strijd om de gelijke rechten van blank en zwart, de Vietnamoorlog en Watergate zijn slechts enkele gebeurtenissen die ertoe bijdroegen dat in de jaren zeventig veel van het Amerikaanse prestige verloren ging en ook een anti-Amerikaanse houding nadrukkelijker een rol ging spelen. Vanaf het einde van de jaren zeventig herwonnen de VS geleidelijk aanzien, dat nu, in het midden van de jaren negentig, weer opmerkelijk groot is. Overigens wordt hiermee niets gezegd over de transatlantische invloed in andere richting, want Europa heeft in de Verenigde Staten de afgelopen vijftig jaar vaak net zo'n aantrekkingskracht gehad als Amerika hier.

Nederland is misschien wel meer dan enig ander Europees land veramerikaniseerd. Dat geldt heel sterk voor de jeugdcultuur die MTV, Nike, en McDonald's als coördinaten heeft. Maar ook de *business-speak* (van *headhunting* tot *downsizing*) en de onderbroeken van Calvin Klein die in ieder winkelcentrum van enige omvang te koop zijn, laten zien hoe ver de *American way of life* in Nederland is doorgesijpeld.

Dergelijke amerikanismen zijn in veel gevallen te plaatsen in een grotere naoorlogse trend van internationali-

Introduction

Marshall Aid made a substantial contribution to European economic recovery, in American eyes a guarantee for political stability. The economic aid to which the name of George C. Marshall is inextricably linked, stimulated rapid internationalization in every area: economic, political, military and cultural. On top of this, Marshall Aid served to strengthen cohesion among (western) European countries and to intensify the transatlantic ties that had been so much in evidence since liberation in May 1945.

The United States, more than ever before, exemplified the future that awaited Europe and the Netherlands. In the 1950s and 1960s that vision of the future looked distinctly rosy and positive. Though the disdain in which America had been held during the first half of the twentieth century, especially in (left-wing) intellectual circles, did not disappear after the war, it was largely obscured by the prevailing enthusiasm for everything new emanating from the US.[1] In the course of the 1960s, however, Europe's view of America changed. The struggle for racial equality, the Vietnam War and Watergate are just some of the events that contributed to a considerable loss of American prestige and growing anti-Americanism in the 1970s. Since the end of the 1970s the US has gradually recovered its standing until now, in the mid-1990s, it is once again riding high. All this, of course, says nothing about transatlantic influence in the other direction; Europe has often held as much appeal for Americans as America for Europeans.

Of all European countries, the Netherlands is perhaps the most Americanized. Although this applies particularly to youth culture (MTV, Nike, McDonald's), business-speak (headhunting, downsizing) and the ubiquitous Calvin Klein underpants (available in any decent-sized shopping centre) provide further evidence of just how far the 'American way of life' has penetrated the Netherlands.

In many cases such Americanisms can be located within a more general post-war trend towards internationalization that is usually, and revealingly, referred to by the Anglicism 'globalization'. This internationalization could in turn be seen in relation to a general process of modernization.[2] In this book, however, the focus is on Americanisms as such. The rapid modernization Dutch society has undergone since the end of the Second World War has received strong impetus from abroad and no country has had a greater impact than the United States of America.

In architecture, too, America has played an important role in the Netherlands during the past fifty years.[3] The extent to which American developments in the architectural field were regarded

sering die tegenwoordig meestal – en ook dat is veelzeggend – met het anglicisme globalisering wordt aangeduid. En die internationalisering zou weer in verband kunnen worden gebracht met een algemeen proces van modernisering.[2] In dit boek is echter de aandacht geconcentreerd op de amerikanismen zelf. De snelle modernisering die de Nederlandse samenleving sinds het einde van de Tweede Wereldoorlog heeft doorgemaakt, heeft sterke impulsen gehad uit het buitenland en van alle buitenlanden hebben de Verenigde Staten van Amerika onmiskenbaar een vooraanstaande plaats ingenomen.

Op het terrein van de architectuur heeft Amerika de afgelopen vijftig jaar eveneens een belangrijke rol gespeeld in Nederland.[3] De mate waarin de ontwikkelingen in de VS op architectonisch terrein als referentie, inspiratiebron of voorbeeld werden gezien, heeft in de loop der tijd een vergelijkbare golfbeweging doorgemaakt als de publieke opinie in Nederland over Amerika. Ook in de architectuurwereld taande de interesse voor wat er in de VS gebeurde vanaf het einde van de jaren zestig, om tien jaar later weer toe te gaan nemen.

Deze golfbeweging is af te leiden uit de hoeveelheid aandacht die er was voor wat er in de VS gebeurde, uit de houding ten opzichte van de gebeurtenissen aldaar en uit de mate waarin getracht werd in Nederland Amerikaanse voorbeelden na te volgen, dan wel Amerikaanse toestanden te vermijden. Dat en hoe er over Amerika is geschreven in vaktijdschriften, welke Amerikaanse architecten hier in Nederland gebouwd hebben en wat in Nederland is doorgedrongen aan amerikanismen, is – zoals dat altijd met alles tot op zekere hoogte het geval is – een kwestie geweest van toevalligheden en samenlopen van omstandigheden. Niet alle afzonderlijke gebeurtenissen laten zich onderbrengen in een afgerond verhaal, maar gezamenlijk geven ze een beeld van de directe en indirecte invloed die de VS de afgelopen vijftig jaar hebben gehad op de gebouwde omgeving in Nederland.

as a point of reference, source of inspiration or model, underwent much the same fluctuations as public opinion of America in the Netherlands: interest in American architecture started to taper off in the late 1960s, only to pick up again ten years later.

These ups and downs can be deduced from the amount of interest shown in what was happening in the US, from the attitude towards events in that country and from the extent to which Dutch architects tried to imitate American examples or to avoid American conditions. As is often the way, this and what the architectural journals wrote about America, which American architects got to build in the Netherlands and which Americanisms penetrated the Netherlands, was pretty much a matter of happenstance and coincidence. Although not all individual events lend themselves to inclusion in a well-rounded narrative, together they add up to a picture of the direct and indirect influence that America has had on the built environment in the Netherlands during the last fifty years.

PAX AMERICANA

Kort na de Tweede Wereldoorlog richtten Nederlandse architecten hun blik veelvuldig op de Verenigde Staten van Amerika. Anders dan in Europa dat voor een groot deel in puin lag en waar de bouw jarenlang vrijwel stil had gelegen, was in de VS ook tijdens de oorlog nieuwe architectuur tot stand gekomen. Bovendien bestond er door het grote aandeel van Amerika in de bevrijding van Europa en een duidelijke afkeer van Duitsland, dat voor de oorlog een vanzelfsprekend cultureel oriëntatiepunt was geweest, een sterke neiging om naar de VS te kijken. Deze transatlantische band werd door de Marshallhulp in hoge mate bestendigd.

Op 5 juni 1947 hield minister van Buitenlandse Zaken George C. Marshall een lezing op Harvard University (Cambridge, Massachusetts) waarin hij in klare taal de noodzaak omschreef van economische hulp aan Europa. Bovendien formuleerde hij duidelijk dat het initiatief hiervoor genomen moest worden door de Europese landen, die gezamenlijk een programma dienden op te stellen. Eind juni zochten de ministers van Buitenlandse Zaken van Frankrijk en Engeland tevergeefs naar overeenstemming met hun collega uit de Sovjetunie om ook Oost-Europa bij het hulpprogramma te betrekken. Op de conferentie die op 12 juli in Parijs werd gehouden ontbraken daarom de landen van achter het IJzeren Gordijn, evenals (Franco-)Spanje dat niet was uitgenodigd. Aanwezig waren vertegenwoordigers van zestien landen: België, Denemarken, Frankrijk, Griekenland, Groot-Brittannië, Ierland, Italië, Luxemburg, Nederland, Noorwegen, Oostenrijk, Portugal, Turkije, IJsland, Zweden en Zwitserland. Deze landen boden op 22 september een rapport aan de VS aan, waar ondertussen gewerkt werd aan een 'Outline of a European Recovery Program' dat de basis zou vormen voor de Foreign Assistance Act die op 3 april 1948 werd ondertekend door president Harry Truman. Daarmee kon de Marshallhulp, oftewel het European Recovery Program (E.R.P.) van start gaan.[4]

In the immediate post-war period, Dutch architects frequently directed their gaze towards the United States of America. Unlike Europe, much of which was in ruins and where construction had been virtually at a standstill for many years, the US had continued to produce new architecture throughout the war years. This tendency to look towards the US was reinforced by America's substantial role in the liberation of Europe and a marked post-war aversion to Germany, which before the war had been the natural cultural point of reference. This transatlantic connection was to a large extent perpetuated by Marshall Aid.

On 5 June 1947, the American Secretary of State George C. Marshall gave a lecture at Harvard University in which he clearly spelt out the case for economic aid to Europe. He also made it quite clear that the initiative, in the shape of a joint programme, should come from European countries themselves. In late June the French and British ministers of foreign affairs tried in vain to reach an agreement with their Soviet colleague which, had it succeeded, would have involved eastern Europe in the aid programme. Their failure meant that the Iron Curtain countries, together with (Franco's) Spain, which had not been invited, were absent from the conference held in Paris on 12 July. Sixteen countries were represented at the conference: Austria, Belgium, Denmark, France, Greece, Iceland, Ireland, Italy, Luxembourg, the Netherlands, Norway, Portugal, Sweden, Switzerland, Turkey and the UK. This

George C. Marshall (1947)

De Marshallhulp aan Nederland beliep tussen 1948 en 1952 een bedrag van 3,6 miljard gulden, grotendeels schenkingen in dollars en voor ongeveer eenzevende leningen. Daarmee konden voedsel, grondstoffen en goederen worden geïmporteerd, die het herstel van Nederland in de woorden van de econoom J. Tinbergen 'waarschijnlijk de beslissende stoot opwaarts' hebben gegeven.[5] Hoe de Marshallgelden werden besteed is niet altijd precies te zeggen omdat zeker vanaf 1950 een groot deel van de schenkingen bestonden uit 'vrije dollars' die de Nederlandse regering naar eigen inzicht mocht besteden en die in praktijk onzichtbaar werden opgenomen in de Rijksbegroting. Slechts globaal is aan te geven waarvoor de Marshallgelden in de eerste jaren werden aangewend. Zo was voor de bouwnijverheid in 1949 en 1950 bij elkaar zo'n zeshonderd miljoen gulden beschikbaar gesteld voor de herbouw van woningen, boerderijen en fabrieken, het herstel van wegen, bruggen en spoorwegen, herbebossing, de herverkaveling op Walcheren, verschillende werken in de Noordoostpolder en de aanleg van dijken rond de toekomstige Flevopolder (die toen nog Zuidoostpolder werd genoemd). Bovendien werd zeven miljoen vrijgegeven voor de bouw van hotels.[6] Daarnaast werd geld van het European Recovery Program rechtstreeks gebruikt voor grote investeringen in twee nieuwe industriële projecten: een breedbandwalserij voor de Hoogovens in Velsen, die gedeeltelijk voorzag in de behoefte aan blik van de Amerikaanse autoindustrie, en de bouw van de Amercentrale, een elektrische centrale in Geertruidenberg (1953), ontworpen door J.A.G. van der Steur en A.P. Wesselman van Helmond van het bureau v/h J. van Hasselt en De Koning.[7]

De Marshallhulp voor Nederland begon in 1948 met driehonderd miljoen gulden en liep vervolgens op tot een miljard in 1949 en 1,4 miljard in 1950. Daarna daalde de dollarstroom scherp tot een half miljard in 1951 en driehonderd miljoen in 1952. Die daling hield verband

---

conference submitted its report on 22 September 1947. In the US meanwhile State Department officials were busy working out an 'Outline of a European Recovery Program' that was to form the basis of the Foreign Assistance Act signed by President Harry Truman on 3 April 1948. With this, Marshall Aid, or, to give it its official name, The European Recovery Program (ERP), could get under way.[4]

Marshall Aid to the Netherlands between 1948 and 1952 amounted to 3.6 billion guilders, mainly in the form of dollar grants and approximately one seventh in loans. With this aid the Netherlands was able to purchase the food, raw materials and goods that, according to Dutch economist J. Tinbergen, was probably the deciding factor in the country's recovery.[5] It is not always possible to say precisely how Marshall funds were spent, especially since a lot of the grants after 1950 consisted of 'free dollars' that the Dutch government could spend at its own discretion and that in practice were incorporated invisibly into the national budget. One can, however, give a broad outline of what Marshall funds were used for in the first few years of the programme. For example, a total of some six hundred million guilders was allocated to the building industry in 1949 and 1950 for the rebuilding of houses, farms and factories, repair of roads, bridges and railway lines, reafforestation, redistribution of land on the island of Walcheren, various works in the Northeast Polder and the construction of dikes around the future Flevo Polder (or Zuidoost Polder as it was then called). An additional seven million guilders was made available for hotel construction.[6]

Money from the European Recovery Program was also used directly to fund two new industrial projects: a rolling mill for Hoogovens in Velsen, which supplied part of the American car industry's steel requirements, and the Amercentrale power station in Geertruidenberg (1953), designed by J.A.G. van der Steur and A.P. Wesselman van Helmond attached to the architectural firm of J. van Hasselt and De Koning.[7]

Marshall Aid for the Netherlands began in 1948 with three hundred million guilders, increasing to one billion in 1949 and 1.4 billion in 1950. Thereafter the dollar stream declined sharply to half a billion in 1951 and three hundred million in 1952. This decline was connected with the Korean war which had broken out in the summer of 1950 and was to last until 1953. Owing to the high cost of American military involvement in this conflict, the American Congress decided to scale down Marshall Aid. On top of this, the remaining economic aid to European countries was made dependent on individual countries' efforts in the area of joint defence: in the light of the cold war, the US took to stressing the significance of the North Atlantic Treaty Organization (NATO), founded in 1949. As a member of NATO the Netherlands had already agreed in 1951 to increase its troop strength and it was to

Dijkaanleg *Dike construction*, Flevopolder (1951)

D. Masselink, fabriek Enkalon *factory*, Emmen (1952)

Roosenburg-Verhave-Luyt (architectonische vormgeving *architectural design*), Velsertunnel (1957)

Ventilatiegebouw *Ventilation building*

accommodate this expansion that five large army barracks were built in a short space of time in Steenwijkerwold, 't Harde, Nunspeet, Ermelo and Ossendrecht. Together with the American military bases they constitute the most important cold war-related architecture in the Netherlands.[8] Four of the five new complexes, which provided housing for a total of fifteen thousand soldiers and officers, were designed and built within a year; the fifth, at Ossendrecht, followed not long afterwards, in 1952. The buildings were designed by the army's own construction department (Centraal Bouwbureau der Genie) where the conscripted architects H.G. Bakker, O. Kok, J.C. Schmidt, K.F.G. Spruyt and B.H. Voorendt worked under the command of Lieutenant-Colonel J.H. Hogendoorn. Differences between the individual barracks relate mainly to the disposition of the buildings on the site. For efficiency's sake the architectural design was executed five times with a minimum of variations. After these five barracks had been completed in 1953, the government set about extending many of the existing army camps.

Although the Netherlands felt that the NATO alliance gave it some measure of protection in the cold war, it did not rely entirely on the durability of the Pax Americana. Hence the air surveillance towers that sprang up all over the Netherlands and from which volunteers from the recently founded Observer Corps (1950) kept watch over the country's security.[9] And, should this surveillance fail, there were always air-raid shelters. In 1939, the urban planner J.M. de Casseres had already warned of the danger air raids posed to the urbanized western part of the Netherlands[10] and the destruction of Rotterdam in 1940 had shown just how right he had been. In 1945 therefore, mindful of this war damage and of the devastating effect of the two atom bombs dropped on Hiroshima and Nagasaki, the government looked for ways of minimizing this danger. One way of reducing the chances of being hit was to disperse both people and industry, a policy of decentralization that

J.A.G. van der Steur & A.P. Wesselman van Helmond, electrische centrale *power station*, Geertruidenberg (1953)

Mainstream

De architecten Harrison & Abramovitz, Pereira & Luckman, Welton Becket en Victor Gruen waren in de jaren vijftig en zestig belangrijke Amerikaanse representanten van het *mainstream* modernisme. Hun architectuur – veelal grote commerciële en openbare gebouwen – weerspiegelde een welvaartsniveau dat in de jaren vijftig nog ver buiten Nederlands bereik lag. Wallace K. Harrison (1895-1981) – een van de architecten van het Rockefeller Center en de ontwerper van de Trylon en de Bol op New York World's Fair (1939) – associeerde zich in 1945 met Max Abramovitz (1908). Als *director*, respectievelijk *deputy director* van het ontwerpteam waren zij verantwoordelijk voor het hoofdkwartier van de Verenigde Naties (1947-1953). Verder ontwierpen zij in New York onder meer het Metropolitan Opera House in het Lincoln Center en een wolkenkrabber voor Socony-Mobil.

In het zeer omvangrijke oeuvre van de Oostenrijkse Amerikaan Victor Gruen (1903-1980) neemt het winkelcentrum een belangrijke plaats in. Hij ontwierp verspreid over de VS vele tientallen *shopping centers*, met als eerste het Northland Center bij Detroit (1954). Zijn thuisbasis was Los Angeles maar zijn bureau had in de jaren zestig vestigingen in New York, Washington, Teheran, Wenen en Parijs. Ook Welton Becket (1902-1969) en William Pereira (1909-1985) waren in Los Angeles gevestigd. Becket ontwierp onder andere het kantoor van Capitol Records (1956) in Hollywood, het Beverly Hilton (1955) en samen met Paul Williams, Pereira en Charles Luckman het vliegveld van Los Angeles (1959-1962). Pereira en Luckman hadden van 1950 tot 1958 samen een bureau en ontwierpen onder meer het ronde Valley Presbyterian Hospital in Los Angeles.

Welton Becket, kantoorgebouw Capitol Records *office building*, Hollywood (1956)

The architects Harrison & Abramovitz, Pereira & Luckman, Welton Becket and Victor Gruen were leading American representatives of mainstream modernism during the 1950s and 1960s. Their architecture – for the most part large commercial and public buildings – reflected a level of prosperity still way beyond the reach of the Netherlands in the 1950s. In 1945, Wallace K. Harrison (1895-1981) – one of the architects of the Rockefeller Center and the designer of the Trylon and Perisphere at the New York World's Fair (1939) – joined forces with Max Abramovitz (1908). They were responsible, as respectively director and deputy director of the design team, for the United Nations headquarters (1947-1953). Their other New York projects included the Metropolitan Opera House in the Lincoln Center and a skyscraper for Socony-Mobil.

Shopping centres played a prominent role in the extensive output of the Austrian-American Victor Gruen (1903-1980). Starting with Northland Center near Detroit (1954), he went on to design dozens of shopping centres across the United States. His home base was Los Angeles but in the 1960s his architectural practice had branches in New York, Washington, Teheran, Vienna and Paris. Welton Becket (1902-1969) and William Pereira (1909-1985) were also located in Los Angeles. Becket's designs included the Hollywood office of Capitol Records (1956), the Beverly Hilton (1955) and, together with Paul Williams, Pereira and Charles Luckman, Los Angeles Airport (1959-1962). Pereira and Luckman were partners from 1950 to 1958 during which time they designed the circular Valley Presbyterian Hospital in Los Angeles.

met de oorlog in Korea die in de zomer van 1950 uitbrak en tot 1953 zou duren. Wegens de hoge kosten van het militaire ingrijpen van de VS in dit conflict besloot het Amerikaanse Congres de Marshallhulp te verlagen. Bovendien werd de resterende economische hulp aan de Europese landen afhankelijk gesteld van de inzet van het betreffende land op het gebied van de gemeenschappelijke defensie. In het licht van de Koude Oorlog benadrukten de VS de betekenis van de in 1949 opgerichte Noordatlantische Verdragsorganisatie (NAVO). Nederland had zich in dit verband in 1951 verplicht tot de uitbreiding van de troepensterkte. Hiervoor werden in korte tijd vijf grote kazernementen gebouwd in Steenwijkerwold, 't Harde, Nunspeet, Ermelo en Ossendrecht, die samen met de Amerikaanse legerplaatsen de voornaamste architectuur van de Koude Oorlog in Nederland vormen.[8] Vier van de vijf nieuwe complexen, die bij elkaar onderdak boden aan vijftienduizend soldaten en officieren, werden binnen een jaar ontworpen en gebouwd; kort daarna, in 1952, volgde de bouw van het vijfde kazernement bij Ossendrecht. De ontwerpen voor de gebouwen werden gemaakt door het Centraal Bouwbureau der Genie, waar onder de verantwoordelijkheid van luitenant-kolonel J.H. Hogendoorn de dienstplichtige architecten H.G. Bakker, O. Kok, J.C. Schmidt, K.F.G. Spruyt en B.H. Voorendt werkten. Verschillen tussen de kazernes zijn vooral te vinden in de wijze waarop de gebouwen in open verkaveling zijn gerangschikt. De architectuur van de gebouwen werd uit overwegingen van efficiëntie vijf maal met zo min mogelijk veranderingen uitgevoerd. Na de voltooiing van deze vijf kazernementen werd in 1953 begonnen met de uitbreiding van een groot aantal bestaande legerkampen.

Nederland kon zich enigszins beschermd voelen in de Koude Oorlog door het NAVO-pact, maar toch werd niet volledig vertrouwd op de duurzaamheid van de Pax Americana. Daarom werden bijvoorbeeld overal in Nederland luchtwachttorens gebouwd van waaruit vrijwilligers

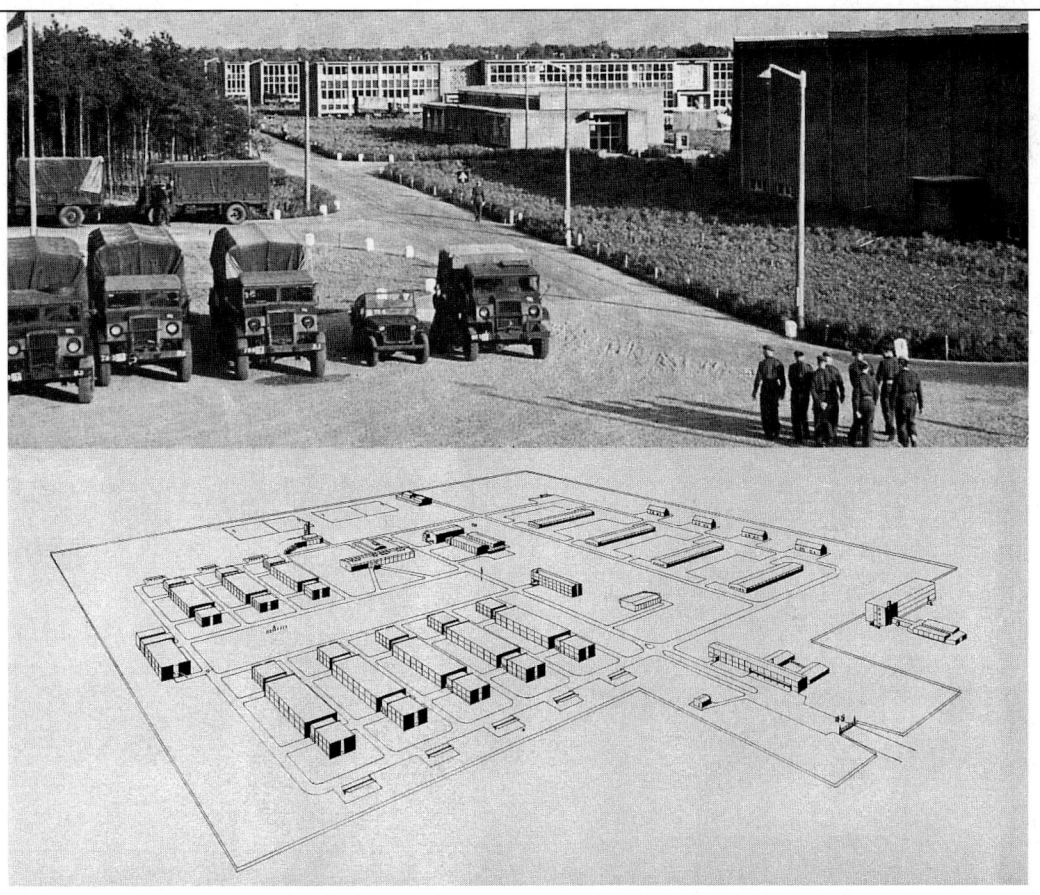

Kazernementen *Army barracks*, Ermelo en *and* Ossendrecht (1951-1953)

van het in 1950 opgerichte Korps Luchtwachtdienst over de veiligheid van Nederland konden waken.[9] En indien deze surveillance faalde, waren er altijd nog schuilkelders.

In 1939 was door de stedenbouwkundige en planoloog J.M. de Casseres al gewezen op de risico's die het verstedelijkte westelijk deel van Nederland liep bij luchtaanvallen.[10] De juistheid van zijn woorden werd onderstreept door de verwoesting van Rotterdam in 1940. Met dit oorlogsgeweld in herinnering en met de wetenschap welk vernietigend effect de twee atoombommen op Hiroshima en Nagasaki hadden gehad, werd daarom na 1945 onderzocht hoe dit gevaar kon worden afgewend. Een van de remedies om de trefkansen te verkleinen was de spreiding van de bevolking en industrie, een spreiding die voornamelijk vanwege economische redenen toch al beleid zou worden na de oorlog. Daardoor kon niet alleen de schade van een conventionele of nucleaire aanval worden beperkt, maar ook de waarschijnlijkheid ervan zou afnemen, omdat werd gedacht dat er voor de vijand dan geen duidelijk doel meer zou zijn. In militaire kringen leefde overigens de gedachte dat Nederland strategisch van zo'n ondergeschikt belang was dat het gevaar van een atoomaanval niet zo groot was.[11] Toch werd het zekere voor het onzekere genomen door op veel plaatsen in de Randstad schuilkelders aan te leggen. Daar bovenop werd in 1955 de schuilplaatsenregeling van kracht voor 'gebouwen waarin zich twee of meer woningen bevinden en waarin de vloer van ten minste één der hoofdwoonvertrekken meer dan 5 m boven het bij de hoofdtoegang aansluitend terrein is gelegen.'[12] In de praktijk werden deze verplichte schuilplaatsen in de etagebouw gecombineerd met de bergingen van flats, zodat de ruimten ook in vredestijd nog een functie hadden.

Direct bij de invoering van dit besluit werd de zin van deze schuilplaatsen al in twijfel getrokken, net zoals de oproepen van de Bescherming Burgerbevolking (BB) dat de

Luchtwachttoren *Air surveillance tower*, Kloosterzande (1954)

would in any case have been pursued for economic reasons after the war. This, it was reasoned, would not only limit the damage caused by a conventional or nuclear attack, but also reduce the probability of such an attack; in the first place since the enemy would no longer have a clearly defined target. In military circles though it was felt that the Netherlands was of such minor strategic importance that the risk of nuclear attack was in fact fairly slight.[11] Nonetheless, the authorities decided to play safe and air raid shelters were duly built in many locations in the western conurbation known as the Randstad. Then, in 1955, the air raid shelter ordinance came into effect for 'buildings containing two or more dwellings and where the floor of at least one of the main living rooms is more than 5 metres above the area adjacent to the main entrance.'[12] In practice these compulsory air raid shelters in multi-storey buildings were combined with the storage areas for the flats so that the space also had a function in peace time.

Just as the Civil Defence Force's calls for the Dutch population to protect itself had always been taken with a grain of salt, so the need for these air raid shelters was soon being called into question. While it is safe to assume that fear of the atom bomb rose with every escalation of cold war tensions, this never resulted in mass hysteria. In fact, the market in private nuclear bomb shelters in the United States was treated as a bit of a joke.

At the beginning of 1953 the Dutch government informed the

Nederlander zichzelf moest beschermen vanaf het begin weinig serieus werden genomen. Dat op ieder moment dat de spanningen van de Koude Oorlog opliepen de angst voor de A-bom toenam, is waarschijnlijk. Maar dit leidde nooit tot massahysterie. Over de atoomkelders voor particulieren die in Amerika op de markt werden gebracht werd in Nederland een beetje lacherig gedaan.

Begin 1953 liet de Nederlandse regering de Amerikanen weten dat de financiële steun van de Marshallhulp Nederland zo ver had gebracht dat het zelfstandig verder kon. Vrijwel direct na die mededeling werd het zuidwesten echter getroffen door de Watersnoodramp. De materiële schade daarvan werd geschat op 1,1 miljard, waarvoor opnieuw de VS uitkomst boden door vierhonderd miljoen gulden te schenken.[13] Al werd daarna de Amerikaanse financiële steun stopgezet, de *technical assistance*, het tweede fundament van de Marshallhulp, bleef doorgaan tot aan het einde van de jaren vijftig het daarvoor beschikbare geld op was.

Vanaf 1950 was het accent van de Marshallhulp steeds meer komen te liggen op deze technical assistance. De kern daarvan was het geven van adviezen hoe de productiviteit kon worden opgevoerd door efficiënte bedrijfsvoering en rationalisatie. In dat kader bezochten allerlei Amerikaanse specialisten Europa om hun kennis over te dragen en werd in Nederland in 1950 de Contactgroep Opvoering Productiviteit opgericht, een vervolg op de Werkgroep 'Technical Assistance' die sinds de herfst van 1948 functioneerde. De filosofie van de opvoering van de productiviteit werd in de bouwwereld vooral uitgedragen door het Bouwcentrum in Rotterdam en de satellieten eromheen zoals de Stichting Ratiobouw en het tijdschrift *Bouw*.

Behalve dat Amerikaanse adviseurs Europa bezochten, werden ook delegaties uitgenodigd naar de Verenigde Staten te komen om met eigen ogen de nieuwste ontwikkelingen gade te

Americans that the financial support provided by Marshall Aid had brought the Netherlands to the point where it was able to continue under its own steam. No sooner had the government made this announcement than the southwestern part of the country was struck by devastating floods. The material damage was put at 1.1 billion guilders and once again the United States stepped into the breach with a grant of four hundred million guilders.[13] Although this marked the end of America's financial support to the Netherlands, the programme of technical assistance, the second main plank of Marshall Aid, continued until the funds set aside for this purpose had been used up at the end of the 1950s.

Since 1950 the emphasis of Marshall Aid had been steadily shifting towards technical assistance (TA), the main concern of which was to advise businesses on how to increase production by means of efficient management and rationalization. On the American side this led to a whole range of specialists visiting Europe to pass on their knowledge and on the Dutch side to the setting up in 1950 of the Contact Group for Increased Productivity, the successor of the 'Technical Assistance' working party that had been in operation since autumn 1948. One of the main proponents of the philosophy of increased productivity in the building industry was the Bouwcentrum in Rotterdam (International Information and Development Centre for Building and Housing) and such satellites as Stichting Ratiobouw (Institute for Technical, Economic and Organizational Studies for the Building Industry) and the trade journal *Bouw* (Building). In addition to American advisors visiting Europe, Dutch delegations were invited to come to the United States and see for themselves the latest developments. For the building industry as a whole, two TA study tours were organized, one in spring 1950 and a second in spring 1953. The second tour included architects and urbanists (W.S. van de Erve, L. de Jonge

Deelnemers aan TA-reis in het warenhuis Wanamaker
TA tour group in the Wanamaker department store, Philadelphia (1953)

Ex-Europeanen

Het succes van Europese modernen als Ludwig Mies van der Rohe, Walter Gropius, Marcel Breuer en (minder op de voorgrond tredend) Richard Neutra en Rudolph Schindler in hun nieuwe vaderland werd in Nederland als een geruststelling ervaren. Het werd ook gezien als bewijs dat de Oude Wereld nog altijd de toon aangaf op architectonisch gebied. Onder het beste wat in de VS aan moderne architectuur tot stand was gebracht, bevond zich veel werk van architecten met een Europese achtergrond, en daarnaast van Amerikanen die onderwijs genoten hadden van Europeanen als Eliel Saarinen (Cranbrook), Mies (IIT) of Gropius (Harvard).
Van alle Europeanen zou Mies van der Rohe het omvangrijkste oeuvre realiseren, met daarin meesterwerken als het Seagram Building in New York, het Farnsworth House en de appartementengebouwen aan Lake Shore Drive in Chicago. Bovendien zou hij het sterkst school maken, onder studenten maar ook onder architecten als C.F. Murphy, Skidmore, Owings & Merrill en Philip Johnson, die allemaal met de Duitse meester hebben gewerkt.
De ontwikkeling van de loopbaan van de als tiener uit Finland geëmigreerde Eero Saarinen werd in Nederlandse vaktijdschriften nauwgezet gevolgd. Niet alleen werden vrijwel al zijn belangrijke ontwerpen gepubliceerd, van het Technical Center van General Motors in Detroit tot de terminal van TWA op de New-Yorkse John F. Kennedy Airport, ook van het 'merkwaardige precisiewerk bij de bouw van de hoogste boog die ooit is gemaakt', de Gateway Arch in St. Louis, werd in *Bouw* tussen 1964 en 1966 regelmatig verslag uitgebracht.

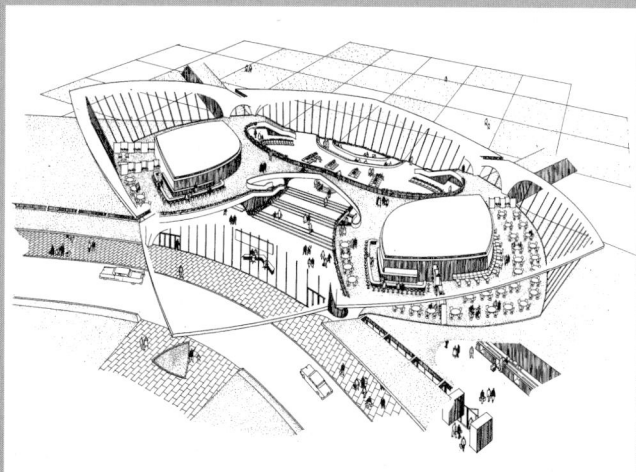

Eero Saarinen, TWA terminal, John F. Kennedy Airport, New York (1962)

Ex-Europeans

The success of European modernists like Ludwig Mies van der Rohe, Walter Gropius, Marcel Breuer and (less prominently) Richard Neutra and Rudolph Schindler in their new homeland was regarded as reassuring by Dutch architects. It was also seen as proof that the Old World still set the tone in architecture. Among the best examples of modern architecture built in the US were many works by architects with a European background and by American architects who had studied under Europeans like Eliel Saarinen (Cranbrook), Mies (IIT) or Gropius (Harvard).
The most prolific European was Mies van der Rohe whose oeuvre included masterworks like the Seagram Building in New York, Farnsworth House and the Lake Shore Drive Apartments in Chicago. He also acquired the strongest following, not only among students but also among architects like C.F. Murphy, Skidmore, Owings & Merrill and Philip Johnson, all of whom had worked with the German master.
The career of Eero Saarinen, who had emigrated to the US from Finland as a teenager, was closely followed in Dutch trade journals. In addition to publishing almost all his major designs – from the General Motors Technical Center in Detroit to the TWA terminal at New York's John F. Kennedy Airport – *Bouw* also reported regularly between 1964 and 1966 on the 'remarkable precision work involved in the construction of the tallest arch ever made', the Gateway Arch in St. Louis.

De oude meester

De reputatie die Frank Lloyd Wright in Nederland al sinds de jaren tien had, bleef na de Tweede Wereldoorlog in stand, maar van de invloed die hem voor de oorlog werd toegeschreven, was niet veel meer over. Anders dan in Italië waar Wrights opvattingen over organische architectuur weerklank vonden, werd in Nederland nauwelijks aandacht besteed aan zijn denkbeelden. Wat bleef was het respect voor de kunstenaar-architect en voor zijn opvallende bouwkunstige creaties.
In de zomer van 1952 was in Rotterdam in de Glazen Zaal van het Ahoy-gebouw een tentoonstelling te zien van het werk van Wright. Die tentoonstelling was op instigatie van de stad Florence en de Italiaanse regering samengesteld door de architect Oskar Stonorov, in opdracht van het warenhuis Gimbel Brothers in Philadelphia.

The Grand Old Man

The reputation Frank Lloyd Wright had enjoyed in the Netherlands since the 1910s persisted after the Second World War, although little remained of the influence attributed to him before the war. Unlike in Italy, where his views on organic architecture struck a sympathetic chord, Wright's ideas received scant notice in the Netherlands. What remained was respect for the artist-architect and for his striking architectural creations.
In the summer of 1952 an exhibition of Wright's work was shown in the Glazen Zaal of the Ahoy building in Rotterdam. This exhibition, initiated by the city of Florence and the Italian government, had been put together by the architect Oskar Stonorov for the Gimbel Brothers department store in Philadelphia.

Tentoonstelling Frank Lloyd Wright *exhibition*, Rotterdam (1952); J.J.P. Oud tweede van rechts *second from right*

SOM, Lever House, New York (1952)

Curtain Wall

Als geen ander naoorlogs gebouw heeft het Lever House (1952) in *mid-town* Manhattan model gestaan voor de moderne kantoorbouw in de westerse wereld. In tegenstelling tot de ultrachic van het Seagram Building (1958) van Ludwig Mies van der Rohe en Philip Johnson aan de overkant van Park Avenue, was de moderne eenvoud van het Lever House ook in minder rijke uitvoeringen te bereiken. En waar Mies van der Rohes *beinahe nichts* niet te evenaren bleek, waren de regels van Bunshafts spel van rechthoekige volumes eenvoudiger onder de knie te krijgen. Het zou overigens tot het einde van de jaren vijftig duren voordat Nederlanders, geïnspireerd door Amerikaanse voorbeelden, op grote schaal glazen dozen met vlies- of gordijngevels zouden gaan bouwen. Vanaf die periode verschenen in de vaktijdschriften verschillende artikelen die vooral de technische problemen van de *curtain wall* behandelden.

More than any other post-war building, Lever House (1952) in mid-town Manhattan has served as a model for modern office buildings in the western world. Unlike the ultra chicness of Ludwig Mies van der Rohe and Philip Johnson's Seagram Building (1958) on the other side of Park Avenue, the modern simplicity of Lever House lent itself to less opulent renderings. And whereas Mies van der Rohe's 'almost nothing' was wellnigh inimitable, the rules governing Bunshaft's play with rightangled volumes were easier to master. However, it was not until the end of the 1950s that the American-inspired glass box with curtain wall really took off in the Netherlands. From that moment onwards the trade journals started publishing various articles on the subject, mainly dealing with the technical problems of curtain walls.

slaan. Voor de bouwwereld als geheel werden twee TA-studiereizen georganiseerd, in het voorjaar van 1950 en in het voorjaar van 1953. Aan die tweede reis namen ook architecten en stedenbouwkundigen deel (W.S. van de Erve, L. de Jonge en P. Verhave; H.M. Buskens, F.J. Gouwetor en D. Zuiderhoek). Behalve door dergelijke brede vertegenwoordigingen van de bouw werden ook reizen gemaakt door selectere gezelschappen. Zo vertrok najaar 1950 een groep betondeskundigen naar de VS en werden in 1952 excursies gemaakt door baksteenfabrikanten en boerderij-specialisten en in 1953 door deskundigen op het gebied van metalen ramen. Verder bezochten in 1952 Nederlandse ingenieurs op Amerikaanse kosten het congres ter gelegenheid van het honderdjarig bestaan van de American Society of Civil Engineers.[14] Tevens werd in januari en februari 1950 een Amerikaanse reis gemaakt door een gezelschap van Ierse, Belgische, Britse, Turkse en (vijf) Nederlandse vertegenwoordigers van het toeristen- en hotelwezen. In deze excursiegroep zat een architect, J.W.C. Boks, die zijn in Amerika verworven kennis in de loop van de jaren vijftig in praktijk zou kunnen brengen in het Britannia Hotel in Vlissingen, het Deltahotel in Vlaardingen en een niet-uitgevoerd ontwerp voor een hotel aan het Keizer Karelplein in Nijmegen.[15]

Ook buiten het verband van de Marshallhulp bezochten Nederlanders de VS en deden daarvan verslag in woord en geschrift. Een van de eerste naoorlogse berichten uit Amerika kwam van Paul Bromberg die van 1939 tot 1945 in de Verenigde Staten was geweest waar hij in opdracht van de Nederlandse regering onderzoek had gedaan naar montagebouw.[16] Eind 1946 verscheen bij uitgeverij De Bezige Bij zijn boek *Amerikaansche Architectuur*, een deel uit de serie *Amerika* onder redactie van prof.dr. A.N.J. den Hollander. Het boek bevat een impressionistisch geschreven overzicht van de architectuur sinds de tijd van de eerste kolonisten tot het midden van de twintigste eeuw, met een accent op de jaren dertig en

J.W.C. Boks, Britannia Hotel, Vlissingen (1955)

J.W.C. Boks, Delta Hotel, Vlaardingen (1955)

and P. Verhave; H.M. Buskens, F.J. Gouwetor and D. Zuiderhoek). Apart from these broad-based teams, tours were also made by more select groups of building industry representatives. For example, in autumn 1950 a group of concrete experts left for the United States, in 1952 excursions were made by brick manufacturers and farm specialists and in 1953 by experts in the field of metal window-frames. In addition, Dutch engineers attended the 1952 congress celebrating the centenary of the American Society of Civil Engineers at American expense.[14] In January and February 1950 a party of Irish, Belgian, British, Turkish and (five) Dutch representatives of the tourist and hotel industry toured the United States. The Dutch contingent included an architect, J.W.C. Boks, who was able to put what he had learnt in America into practice in the 1950s in designs for the Britannia Hotel in Vlissingen and the Delta Hotel in Vlaardingen and an unbuilt design for a hotel on Keizer Karelplein in Nijmegen.[15]

Dutch architects also visited the United States outside the framework of Marshall Aid, producing both oral and written reports of their experiences. One of the first post-war dispatches from America came from Paul Bromberg who had been in the United States from 1939 to 1945, where he had conducted a study of prefabrication on behalf of the Dutch government.[16] In late 1946 De Bezige Bij published his book *Amerikaansche Architectuur* as part of its *America* series under the general editorship of A.N.J. den Hollander. The book contained an impressionistic survey of American architecture from the time of the first colonists to the mid-twentieth century, with particular emphasis on the 1930s and 1940s. For many of his Dutch colleagues this book was their introduction to recent developments in America. Bromberg's predominantly positive tone is typical of most Dutch publications about the US. Even the conservative *Katholiek Bouwblad* was moved on one occasion to sing the praises of the vitality and dynamism of New York.[17] It is striking how often travel journals reported that America and American architecture were not as the Dutch imagined. This cut two ways, resulting both in a more muted estimation of the United States's supposed superiority, for example in the field of technology (by H.A. Maaskant), and in a repudiation of the negative expectation that American architecture 'would be nothing but backward and imitative' (by J.H. van den Broek).[18]

The most extensive report came from the pen of J.T.P. Bijhouwer. In a series of ten 'American Notes' published in *Bouw* during 1953 and 1954, he not only discussed American architecture and urban planning but also tried to give readers some idea of the level of prosperity in the US by comparing 'wages, prices and living standards' in the two countries.[19]

The least enthusiastic Dutch visitor to the US was the traditionalist G. Friedhoff. During his inspection tour of large office buildings in 1952 he remained stolidly unimpressed by recent

veertig. Voor veel Nederlandse vakgenoten was dit boek de kennismaking met de recente ontwikkelingen in Amerika. De overwegend positieve toon die Bromberg aansloeg, is karakteristiek voor de meeste Nederlandse publicaties over de architectuur in de VS en die toon is zelfs te vinden in de kolommen van het behoudende *Katholiek Bouwblad* waarin eenmalig de lof op de vitaliteit en dynamiek van New York werd gezongen.[17] Opvallend vaak werd in de reisverslagen vermeld dat Amerika en de Amerikaanse architectuur anders waren dan in Nederland werd aangenomen. Dat leidde zowel tot een relativering van de vermeende superioriteit van de VS, bijvoorbeeld op technisch gebied (door H.A. Maaskant), als tot een ontkrachting van het vooroordeel dat de Amerikaanse architectuur 'alleen maar achterlijk of copiëerd zou zijn' (door J.H. van den Broek).[18]

Het uitgebreidste verslag bracht J.T.P Bijhouwer in 1953 en 1954 uit. In een serie van tien 'Amerikaanse notities' besprak hij in *Bouw* niet alleen de Amerikaanse architectuur en stedenbouw maar probeerde hij ook door vergelijkend onderzoek van 'lonen, prijzen en woonstandaard' het welvaartsniveau van de VS aan te geven.[19]

Het minst positief van alle Amerikagangers was de traditionalist G. Friedhoff. Tijdens zijn excursie in 1952 die in het teken stond van grote kantoorgebouwen, was hij behalve van het Rockefeller Center in New York, een favoriet van vrijwel iedere Nederlandse architect, niet erg onder de indruk van de recente Amerikaanse architectuur. Hij was vooral slecht te spreken over de nieuwste wolkenkrabbers met vliesgevels. Zo vond hij het Lever House in New York van Skidmore, Owings & Merrill (SOM) zelfs bij zonneschijn een sombere indruk maken.[20]

SOM was een van de bureaus waarover met regelmaat werd bericht in de Nederlandse vakbladen. Naast de oude meester Frank Lloyd Wright, van wie ieder bouwwerk van omvang

American architecture, with the exception of the Rockefeller Center in New York, a favourite with nearly every Dutch architect. He was particularly scathing about curtain-walled skyscrapers. In his view, for example, Lever House in New York by Skidmore, Owings & Merrill (SOM) made a gloomy impression even in sunlight.[20]

SOM was one of the architectural offices whose projects were regularly reported in Dutch trade journals. Indeed, apart from the grand old man of American architecture, Frank Lloyd Wright, whose every building was reported in detail, interest in the Netherlands often focused on large practices that scarcely rate a mention in today's architectural histories: Pereira & Luckman, Victor Gruen, Welton Becket, and Harrison & Abramovitz, the firm that had been involved in designing the United Nations building.

Bouw, more than any other journal in the Netherlands, reported on American developments during the 1950s and 1960s, including the fate of ex-Europeans like Ludwig Mies van der Rohe, Walter Gropius, Marcel Breuer and Eero Saarinen whose modern work met with great success in their new homeland. On top of this *Bouw* for many years contained almost weekly reports of the most diverse examples of American ingenuity and luxury. Although the Netherlands was in no condition to follow up these American examples, the transatlantic reports were not altogether without effect, even if it was only to confirm the rich potential of modern architecture.

W. van Tijen & H.A. Maaskant, Groothandelsgebouw
Wholesale Trade Building, Rotterdam (1951)

Groothandelsgebouw en America Building

Na de oorlog verrezen in Nederland verschillende bedrijfsverzamelgebouwen, waarvoor Amerikaanse gebouwen als voorbeeld hadden gediend. Voor het ontwerp van het Groothandelsgebouw in Rotterdam maakte H.A. Maaskant een studiereis naar de VS waar hij zich uitvoerig verdiepte in de Merchandise Mart in Chicago, een kolossaal bouwwerk uit de jaren dertig van Graham, Anderson, Probst & White. Een ander bedrijfsverzamelgebouw dat vlakbij het Groothandelsgebouw had moeten verrijzen, aan het Hofplein, was niet alleen Amerikaans geïnspireerd, maar ook voor Amerikanen bedoeld: het *America Building*. Dat was de laatste poging van Zanstra, Giesen en Sijmons om zo'n verzamelgebouw te realiseren. Plannen voor een Amsterdams Industriepaleis hadden ze al in de jaren dertig gemaakt en in 1942-1943 ontwierpen ze zo'n gebouw voor Rotterdam. Na de oorlog werd dit ontwerp aangepast en werd het bestemd voor Amerikaanse bedrijven. In een brochure voor dit gebouw werd Rotterdam als middelpunt van West-Europa en dus als logische vestigingsplaats voor Amerikaanse ondernemingen gepresenteerd. De wervende folder ten spijt zou dit *International Business Center Holland* niet van de grond komen.

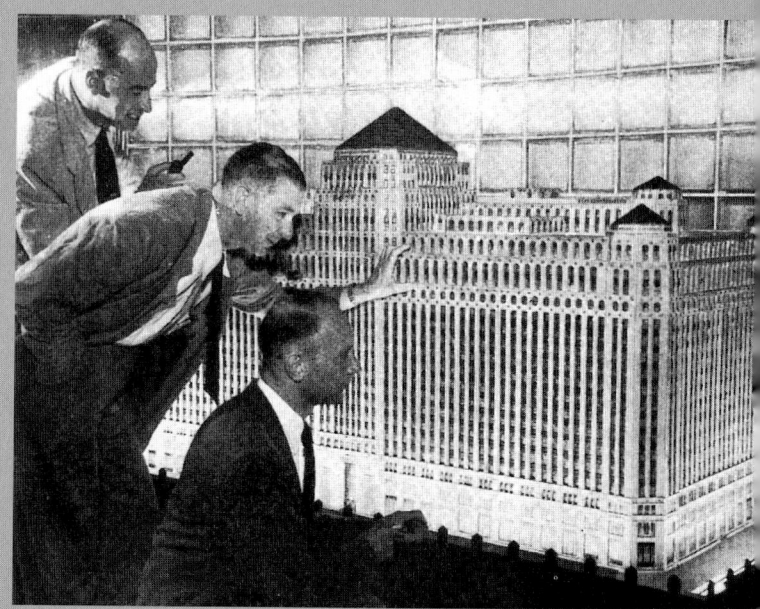

H.A. Maaskant (r.) bestudeert een maquette van de Merchandise Mart *studying a model of the Merchandise Mart*

Wholesale Trade Building and America Building

After the war various business centres based on American models were built in the Netherlands. In preparation for his design of the Wholesale Trade Building in Rotterdam, H.A. Maaskant travelled to the US where he made a detailed study of the Merchandise Mart in Chicago, a colossal edifice built in the 1930s by Graham, Anderson, Probst & White. Another multi-company building that was to have been erected on Hofplein near the Wholesale Trade Building was not only American-inspired but also intended *for* Americans: the *American Building*. It was to be Zanstra, Giesen and Sijmons's last attempt to realize such a building. They had already drawn up plans for a Palace of Industry in Amsterdam in the 1930s and in 1942-1943 they designed a similar building for Rotterdam. After the war they modified this design to produce an office building for American companies.

But although the promotion brochure presented Rotterdam as the centre of Western Europe and thus as the logical location for American companies, the *International Business Centre Holland* never got off the ground.

Zanstra, Giesen & Sijmons, ontwerp voor *design for* America Building (1947)

werd gepubliceerd, richtte de aandacht in Nederland zich verder opvallend vaak op grote firma's die in de huidige architectuurgeschiedenis nauwelijks meer een rol spelen, zoals Pereira & Luckman, Victor Gruen, Welton Becket en Harrison & Abramovitz, het bureau dat onder meer betrokken was bij het ontwerp voor het gebouw van de Verenigde Naties.

Bouw berichtte in de jaren vijftig en zestig meer dan enig ander tijdschrift in Nederland over Amerikaanse ontwikkelingen, waaronder ook over de lotgevallen van ex-Europeanen als Ludwig Mies van der Rohe, Walter Gropius, Marcel Breuer en Eero Saarinen, die in hun nieuwe vaderland grote successen boekten met hun moderne werk. Daarnaast maakte *Bouw* jarenlang nagenoeg wekelijks melding van de meest uiteenlopende Amerikaanse staaltjes van vernuft en luxe. Hoewel in de Nederlandse omstandigheden veelal onnavolgbaar, zou van deze transatlantische berichtgeving toch een invloed uitgaan, al was het maar als bevestiging van de rijkdom aan mogelijkheden van de moderne architectuur.

Leo de Jonge over het tweede productiviteitsteam

Leo de Jonge on the Second Productivity Team

Architect Leo de Jonge maakte deel uit van het tweede productiviteitsteam van de bouwnijverheid dat in het voorjaar van 1953 New York, Chicago, Cleveland, Dayton, Boston, Philadelphia en Washington bezocht. Het programma, gericht op bouwtechniek en arbeidsomstandigheden, omvatte excursies naar bouwwerken en bijeenkomsten met Amerikanen. De delegatie bestond uit tweeëndertig mannen: vertegenwoordigers van het Ministerie van Wederopbouw en Volkshuisvesting, de Rijksgebouwendienst, Bouw- en Woningtoezicht, het onderwijs, het Bouwcentrum, het College van Rijksbemiddelaars, werkgevers- en werknemersorganisaties, architecten, stedenbouwkundigen en raadgevend ingenieurs. De Jonge: 'Joost Boks was kort daarvoor meegeweest met een Amerikaanse studiereis over hotels. De BNA vroeg hem wie ze moesten sturen. En hij zei: "Laten we nu eens niet Maaskant, Van Tijen, Merkelbach of Van den Broek nemen."'

The architect Leo de Jonge was a member of the second building industry productivity team that visited the US in spring 1953. Their itinerary took them to New York, Chicago, Cleveland, Dayton, Boston, Philadelphia and Washington. The programme, focused on construction techniques and working conditions, included excursions to look at buildings and meetings with Americans. The delegation consisted of thirty-two men: representatives from the Ministry of Reconstruction and Housing, the Government Buildings Agency, the Building and Housing Inspectorate, education, the Bouwcentrum in Rotterdam, the Board of Government Mediators, employer and employee organizations, architects, city planners and consultant engineers. De Jonge: 'Joost Boks had just been on an American study tour about hotels. The BNA (Association of Dutch Architects) asked him who it should send. And he said: "For once let's *not* send Maaskant, Van Tijen, Merkelbach and Van den Broek."'

The delegation travelled by ship to New York. De Jonge went by plane, together with three other members of the group. 'My wife

De delegatie reisde per boot naar New York. De Jonge ging per vliegtuig, samen met drie andere groepsleden. 'Mijn vrouw was zwanger en daarom wilde ik zo kort mogelijk wegblijven. Het was voor mij de eerste keer dat ik vloog en ook de eerste keer dat ik echt op reis ging. En dat in een gezelschap waar je in de toenmalige maatschappij huizenhoog tegen op keek. Ik was samen met Wil Albeda de jongste van de groep en dan had je in die tijd niets te vertellen. Volgens mij had het trouwens meer zin gehad om jonge mensen te sturen. Ik was toen 33, voor mij was de groep net een bejaardentehuis. Toen we aankwamen in New York, gingen de andere drie huns weegs naar Amerikaanse kennissen. Ik bleef het weekend moederziel alleen achter in die overweldigende stad.'
'Op maandagmorgen stipt om negen uur startte de eerste bijeenkomst. Wat mij gelijk opviel was hoe to-the-point Amerikanen dat aanpakten. Iedere spreker zei bam-bam-bam wat hij te zeggen had, terwijl Nederlanders omstandig begonnen met "allereerst wil ik me aansluiten bij de woorden van de vorige spreker".'

'Ik was overigens helemaal niet pro-Amerikaans. En ik vond ook dat de reis voor een groot deel uit propaganda bestond. Ik had al snel door dat we alleen zagen wat ze ons wilden laten zien. Tijdens bustochten langs gebouwen kregen we vaak niet meer te horen dan wanneer iets gebouwd was en hoeveel het had gekost. En wij dienden als groep natuurlijk ook onze Amerikaanse gastheren, want met onze aanwezigheid moest binnenlands worden verkocht dat er zoveel geld aan Europa werd gegeven.'
In het programma was geen plaats ingeruimd voor architectuur. Maar het lukte de ontwerpers in de groep wel om af en toe uit te breken. In New York werd een bezoek gebracht aan het Lever House, in Chicago werd Mies van der Rohe opgezocht en in Boston Walter Gropius. 'Van der Rohe was een typische hoogleraar, iemand die heerlijk op zijn praatstoel zat. Bij Gropius heette iedereen gelijk te zijn in The Architect's Collaborative maar hij gedroeg zich als een beminnelijke koning. In Boston zeiden we trouwens voor het eerst tegen elkaar dat we ons konden voorstellen dat je daar wel zou kunnen wonen.'

Het rendement van de reis was voor De Jonge uiteindelijk niet zozeer gelegen in het opdoen van nieuwe inzichten over bouwtechniek of arbeidsomstandigheden. Veel belangrijker vond hij de ervaring van een totaal andere wereld: 'Het is zoals met elke reis, je gaat je afvragen waarom dingen anders zijn. Doen mensen anders of zijn de omstandigheden anders? Tijdens die reis was ik me erg bewust van de verschillen tussen Europa en Amerika.

was pregnant so I didn't want to be away any longer than I could help. It was the first time I'd flown and also the first time I'd really travelled. And that in the sort of company you looked up to in the society of the time. Wil Albeda and I were the youngest members of the group and in those days that meant you didn't count at all. Personally I think it would have made more sense to send young people. I was 33 at the time and the group seemed like a bunch of old timers to me. When we arrived in New York the other three went their own way, to stay with American acquaintances. I spent the weekend all alone in that overwhelming city.'
'On Monday morning, nine o'clock sharp, the first meeting got under way. What struck me straightaway was how to-the-point the Americans were. Every speaker said what he had to say, bam-bam-bam, whereas Dutch speakers began by elaborating: "I'd like to begin by voicing my agreement with the preceding speaker".'

'Actually I was not at all pro-American. And I thought that a lot of the trip was pure propaganda. I soon cottoned on to the fact that we only got to see what they wanted us to see. During bus trips to see buildings we were often told no more than when something was built and what it had cost. And as a group we were also helping our American hosts, for our presence was supposed to sell the American people on the idea that so much money was going to Europe.'

In Amerika was alles groot, groter, grootst. En het was er ook informeler dan in Nederland. Die afwezigheid van plichtplegingen vond ik heerlijk.' Minder te spreken was hij over het ongegeneerde vertoon van rijkdom, de zwaar opgemaakte vrouwen en de toen al van reclame doordrenkte televisie. 'Wat ik heel typerend vond voor Amerika waren die borden met de tekst "It's new, try it". In Nederland werd over alles eerst eindeloos gedelibereerd. In Amerika deden ze het gewoon gelijk.'

Although there was no place set aside for architecture in the tour programme the designers in the group did manage to get away on their own now and then. In New York they went to look at Lever House, in Chicago they visited Mies van der Rohe and in Boston Walter Gropius. 'Van der Rohe was a typical professor, somebody who enjoyed talking. In Gropius's Architect's Collaborative [TAC] everybody was supposed to be equal but he behaved like an affable king. It was in Boston by the way where we first said to one another that it might be possible to live there.'

What De Jonge got out of the trip in the end was not so much new insights into construction techniques or working conditions, as the – to him more important – experience of a completely different world: 'It's the same with any journey, you start to wonder why things are different. Do people behave differently or are conditions different? During that trip I was very conscious of the differences between Europe and America. In America everything was big, bigger, biggest. And it was more informal than in Holland. I loved that lack of ceremony.' He was less happy about the relentless display of wealth, the heavily made-up women and the already ad-saturated TV. 'What struck me as typically American were those signs saying "It's new, try it". In Holland we deliberated endlessly before doing something. In America they just went ahead and did it.'

1950-1970
DE AMERIKANISERING VAN NEDERLAND

The Americanization of the Netherlands

De economische banden met de Verenigde Staten die door de Marshallhulp gesmeed waren, werden in de jaren vijftig en zestig versterkt door de vele Amerikaanse bedrijven die zich in Nederland vestigden of een samenwerking aangingen met Nederlandse ondernemingen. In de eerste vijfentwintig jaar na de oorlog waren dat er 364, ruim veertig procent van het totale aantal buitenlandse ondernemingen in Nederland.[21] Die bedrijven introduceerden niet alleen talloze Amerikaanse producten voor de Nederlandse (en Europese) markt, ze introduceerden vaak ook een Amerikaanse manier van doen en soms zelfs Amerikaanse architectuur. Lang niet alle Amerikaanse firma's lieten kantoren of fabrieken bouwen. Van de ondernemingen die het wel deden, stelden enkele er prijs op om hun gebouwen door landgenoten te laten ontwerpen, die meestal werden bijgestaan door lokale architecten. Een bekend voorbeeld daarvan is in Vlaardingen de metaalfabriek Cincinnati, afkomstig uit de gelijknamige stad in Ohio. H.A. Maaskant tekende voor de bedrijfshallen, maar het representatieve kantoorgedeelte is een Amerikaans ontwerp van het eigen bouwbureau van de firma. Door de klassieke verschijningsvorm, verwant aan de *New Deal*-stijl voor overheidsgebouwen uit de jaren dertig, doet deze architectuur anachronistisch aan en is ze atypisch voor wat in Nederlandse ogen eigentijdse Amerikaanse architectuur was. Het modernste van het modernste was in die jaren immers vaak afkomstig uit Amerika. Dat gold zowel voor de architectonische verschijningsvorm als voor technische vernuftigheden zoals innovatieve constructies in staal of beton, vliesgevels en airconditioning.

Enkele Amerikaanse ondernemingen gingen met Nederlandse architecten in zee en daaruit zijn ook twee van de opmerkelijkste bedrijfsgebouwen van Nederland voortgekomen, het IBM-laboratorium in Uithoorn (1959-1963) van D. van Mourik en J.W. du Pon en het gebouw van Johnson Wax in Mijdrecht (1962-1966) van H.A. Maaskant.

The economic ties between the Netherlands and the United States forged by Marshall Aid were further strengthened in the 1950s and 1960s when a lot of American companies either set up business in the Netherlands or entered into joint ventures with Dutch companies.

In the first twenty-five years after the war this amounted to 364 companies, over forty percent of the total number of foreign companies operating in the Netherlands.[21] Not only did these companies introduce countless American products to the Dutch (and European) market, they often introduced an American way of doing things and, in some instances, American architecture. By no means all American firms went so far as to have offices or factories specially built for them. Of those that did, a few preferred to entrust the design to fellow Americans, usually assisted by local architects. One well-known example of this approach is the metalworks built in Vlaardingen for the Cincinnati company from the city of the same name in Ohio. H.A. Maaskant designed the factory buildings but the more representative office section was designed by the company's own (American) building office. Because of its classical appearance, reminiscent of the New Deal style used for government buildings in the 1930s, this architecture seemed rather anachronistic and not at all what the Dutch thought of as contemporary American architecture. After all, in these years America was often the source of the last word in modernity, and

H.A. Maaskant, metaalfabriek Cincinnati *metalworks*, Vlaardingen (1954)

Kantoorgebouw Cincinnati *office building*, Vlaardingen (1954)

H.A. Maaskant, metaalfabriek Cincinnati *metalworks*, Vlaardingen (1954)

D. van Mourik & J.W. Du Pon, laboratorium IBM
laboratory, Uithoorn (1963)

33

H.A. Maaskant, kantoorgedeelte Johnson Wax *office section*, Mijdrecht (1966)

that applied both to architectural appearance and to technical wizardry such as innovative steel and concrete structures, curtain walls and air-conditioning.

A few American companies took a chance on Dutch architects, a move that produced two of the most interesting industrial buildings in the Netherlands: the IBM laboratory in Uithoorn (1959-1963) designed by D. van Mourik and J.W. du Pon, and the Johnson Wax building in Mijdrecht by H.A. Maaskant (1962-1966).

It was rare for a Dutch company to employ an American architect in the 1950s and 1960s. One exception was the Van Leer company which in 1957 commissioned the architect Marcel Breuer to design an opulent, spaciously laid out office building in Amstelveen. Breuer, with four works to his name, is well represented in the Netherlands. In the same period he collaborated with in-house architect A. Elzas to design the Bijenkorf department store in Rotterdam where the façades – in keeping with the current trend in American department stores – were largely closed. The American Daniel Schwartzmann was responsible for the sales counters and cash desks and for the layout of the circulation routes on each floor. (Later on, for its Eindhoven store, De Bijenkorf engaged the famous New York store interior designer Morris Ketchum.) A third Breuer commission was for the American embassy in The Hague, the least well received of all his Dutch buildings. In the 1970s Breuer also produced a somewhat

Rietveld in Amerika

Gerrit Rietveld en J.J.P. Oud waren in de jaren vijftig de bekendste Nederlandse architecten in de VS. Oud kreeg in de jaren dertig al faam als een van de pioniers van de moderne architectuur en in Philip Johnson vond hij een fervent promotor. (Hij liet Oud zelfs een huis voor zijn moeder ontwerpen.) Maar niemand rekende in de jaren veertig Oud zijn monumentale Shellgebouw meer aan dan Johnson.

Rietveld heeft tot op heden van alle Nederlanders het omvangrijkste Amerikaanse oeuvre op zijn naam staan. Hij ontwierp de inrichtingen van twee *Holland Fairs* in Holland, Michigan (1947) en in het warenhuis Gimbel Brothers in Philadelphia (1949), een tentoonstelling over De Stijl (1952-1953) in het Museum of Modern Art in New York, het voetstuk voor de slinger van Foucault in de hal van het gebouw van de Verenigde Naties (1956) – een geschenk van koningin Juliana aan de VN – een (niet uitgevoerde) klokkentoren voor een carillon (1955-1956) in Washington – een geschenk van het Nederlandse volk aan Amerika – en een (niet uitgevoerd) woonhuis (1957) in Oberlin, Ohio.

Van deze Amerikaanse ontwerpen zijn alleen die voor het huis in Oberlin en de inrichting van de De Stijl-tentoonstelling onmiskenbare Rietvelds. Van het voetstuk van de slinger van Foucault is alleen de typografie Rietveldiaans; bij de *Holland Fairs* moest Rietveld werken met het reclamemateriaal en de producten die de deelnemende bedrijven beschikbaar hadden gesteld.

De uitvoering van het ontwerp voor de klokkentoren voor het carillon, ook al een enigszins atypisch werk, ging niet door, hetgeen samenhing met de Amerikaanse weigering om Rietveld een visum te geven vanwege zijn vermeende communistische sympathieën. In 1958 kreeg het bureau Boks, Eijkelenboom, Middelhoek de opdracht om de klokkentoren te ontwerpen voor het carillon dat koningin Juliana in 1952 had aangeboden 'uit dankbaarheid voor het vele, dat de Amerikanen voor het Nederlandse volk gedaan hebben, gedurende en vlak na de laatste oorlog.'

Rietveld in America

Gerrit Rietveld and J.J.P. Oud were the best known Dutch architects in the US in the 1950s. Oud had already acquired a name for himself in the 1930s as one of the pioneers of modern architecture and he had found a staunch promoter in Philip Johnson. (He even had Oud design a house for his mother.) No one, however, reproached him more severely in the 1940s for his monumental Shell Building than Johnson.

Of all Dutch architects, Rietveld is still the one with the largest American oeuvre to his name. He designed the layout for the Holland Fairs held in Holland, Michigan (1947) and in the Gimbel Brothers' department store in Philadelphia (1949), an exhibition on De Stijl (1952-1953) in the Museum of Modern Art in New York, the pedestal for the Foucault pendulum in the hall of the United Nations building (1956) – a gift from Queen Juliana to the UN – an (unbuilt) bell tower for a carillon

Gerrit Rietveld, slinger van Foucault *Foucault's pendulum*, New York (1956)

Gerrit Rietveld, tentoonstelling De Stijl *exhibition*, Museum of Modern Art, New York (1952-1953)

(1955-1956) in Washington – a gift from the Dutch people to America – and a (likewise unbuilt) house in Oberlin, Ohio (1957).

Of these American designs only those for the house in Oberlin and the layout of the De Stijl exhibition are unmistakably by Rietveld. As far as the pedestal for the Foucault pendulum is concerned, only the typography is Rietveldian; and for the Holland Fairs, Rietveld was constrained by the advertising material and products provided by the participating companies. The fact that another somewhat atypical work, the design for the carillon bell tower, was never executed had to do with the American refusal to issue Rietveld with a visa on the grounds of alleged communist sympathies. In 1958 the firm of Boks, Eijkelenboom, Middelhoek was commissioned to design the bell tower for the carillon presented by Queen Juliana in 1952 'in gratitude for all that Americans have done for the Dutch people, during and immediately after the last war.'

Gerrit Rietveld, Holland Fair in Gimbel Brothers, Philadelphia (1949)

Dat een Nederlandse onderneming een ontwerp liet maken door een Amerikaanse architect kwam in de jaren vijftig en zestig vrijwel nooit voor. Een uitzondering was in 1957 de opdracht van Van Leer aan de geëmigreerde Marcel Breuer voor een luxueus, ruim opgezet kantoorgebouw in Amstelveen. Breuer is in Nederland ruim vertegenwoordigd met vier werken. Hij ontwierp in dezelfde periode, met huisarchitect A. Elzas, het warenhuis De Bijenkorf in Rotterdam, waarvan -in navolging van de trend in Amerikaanse *department stores* – de gevels grotendeels gesloten waren. De Amerikaan Daniel Schwartzmann was verantwoordelijk voor de balies en kassameubels en voor de *layout* van de looproutes over de verdiepingen. (Later, voor het warenhuis in Eindhoven zou De Bijenkorf de hulp inschakelen van de bekende New-Yorkse winkelinterieurspecialist Morris Ketchum.) Een derde opdracht in Nederland voor Breuer was de Amerikaanse ambassade in Den Haag, die van zijn Nederlandse gebouwen de minst positieve pers kreeg. In de jaren zeventig zou Breuer ook nog het vrij nondescripte ontwerp leveren voor de parkeergarage naast De Bijenkorf in Rotterdam.

Breuers ambassade in Den Haag maakte deel uit van een omvangrijk bouwprogramma van het Amerikaanse Ministerie van Buitenlandse Zaken. Nieuwe gebouwen voor diplomatieke zendingen moesten volgens een wet uit 1954 altijd worden ontworpen door Amerikaanse architectenbureaus. In dat kader werden onder meer ambassades gerealiseerd in New Dehli (Edward Durrell Stone), Athene (Walter Gropius' TAC), Dublin (John Johanson), Bangkok (John Carl Warnecke) en Londen (Eero Saarinen).[22] Deze wettelijke bepaling was ook de reden dat het ontwerp voor het Amerikaanse consulaat in Rotterdam dat E.H. en H.M. Kraaijvanger al in 1946 hadden gemaakt uiteindelijk niet werd uitgevoerd. Het was echter geen probleem om het consulaat te vestigen in een – nieuw – kantoor (van Van den Broek & Bakema) boven

Marcel Breuer, kantoorgebouw Van Leer *office building*, Amstelveen (1958)

Paul Rudolph, Art & Architecture Building (Yale University), New Haven (1963)

Studenten van Gropius

In de jaren zestig trad een nieuwe generatie Amerikaanse architecten internationaal op de voorgrond, die ook vandaag de dag nog een prominente plaats inneemt. Vrijwel zonder uitzondering betrof het studenten van Walter Gropius die hun opleiding hadden gevolgd op de Harvard Graduate School of Design. Van deze architecten – waaronder I.M. Pei, John Johanson en Ulrich Franzen – kregen Philip Johnson en Paul Rudolph in Nederland destijds de meeste aandacht. Johnson vertegenwoordigde in die periode de maniëristische tendens van de moderne architectuur; Rudolph de brutalistische, die vooral bekendheid kreeg door zijn sculpturale School of Art and Architecture van Yale (1963). Johnsons werk vond in Nederland weinig weerklank. Het werk van Rudolph, vooral zijn gebouchardeerde betonnen gevels (corduroy beton zoals het tot zijn ergernis werd genoemd), zou vanaf het einde van de jaren zestig, toen ook de gewassen-grintplaten furore gingen maken in Nederland een grote populariteit krijgen.

Students of Gropius

In the 1960s a new generation of American architects rose to international prominence, a position they still occupy today. They were, almost without exception, former students of Walter Gropius at the Harvard Graduate School of Design. Of these architects – who included I.M. Pei, John Johanson and Ulrich Franzen – Philip Johnson and Paul Rudolph attracted most attention in the Netherlands. In those days Johnson represented the mannerist tendency in modern architecture, Rudolph the brutalist tendency, which owed much of its fame to his sculptural School of Art and Architecture at Yale (1963). Actually Johnson's work was not much imitated in the Netherlands but Rudolph's work – especially his bush-hammered concrete façades (corduroy concrete, as they were dubbed to his annoyance) – became very popular in the late 1960s at a time when washed gravel panels were also all the rage in the Netherlands.

Marcel Breuer & A. Elzas, warenhuis De Bijenkorf
department store, Rotterdam (1957)

Marcel Breuer, Amerikaanse ambassade
American embassy, Den Haag (1959)

nondescript design for the multi-storey car park next to the Bijenkorf building in Rotterdam.

Breuer's embassy in The Hague was part of an American State Department building programme spawned by a law passed in 1954 whereby all new buildings for diplomatic missions had to be designed by American architectural firms. The programme led to a spate of new embassy buildings including those in New Delhi (Edward Durrell Stone), Athens (Walter Gropius's TAC), Dublin (John Johanson), Bangkok (John Carl Warnecke) and London (Eero Saarinen).[22] This same law put paid to a 1946 Dutch design (E.H. and H.M. Kraaijvanger) for an American consulate in Rotterdam. However, it did not stand in the way of locating the consulate in a new, Dutch-designed (by Van den Broek & Bakema) office situated above the Huf shoe store in Hoogstraat. In 1962 the American architectural firm of Victor Christ-Janer & Associates produced a preliminary design for a consulate building on the Blaak, but this too remained unbuilt.

Edward Durrell Stone, the designer of the American embassy in New Delhi, was also responsible for designing another US representation in the 1950s, the American pavilion at the Brussels World's Fair in 1958. The lacy (concrete) grilles he had designed for the glazed façade of the Indian embassy (a reference to local architecture) developed into a veritable stylistic trademark which he used for each and every one of his buildings. In the Netherlands

E.H. & H.M. Kraaijvanger, ontwerp voor een Amerikaans consulaat *design for an American consulate*, Rotterdam (1946)

schoenenwinkel Huf in de Hoogstraat. In 1962 zou het Amerikaanse bureau Victor Christ-Janer & Associates nog een schetsontwerp maken voor een consulaatsgebouw aan de Blaak maar ook dat werd niet gerealiseerd.

Edward Durrell Stone bouwde in de jaren vijftig niet alleen de Amerikaanse ambassade in New Delhi, maar ook een andere representatie van de VS, het Amerikaanse paviljoen op de Expo van 1958 in Brussel. Het (betonnen) gaaswerk voor de glazen gevel dat hij in 1954 in het Indiase ambassadegebouw voor het eerst toepaste als referentie aan de lokale architectuur, zou later uitgroeien tot een van zijn stijlkenmerken die hij overal en voor ieder gebouw toepaste. Die gevel werd in Nederland een begrip als gevel à la Stone, maar kreeg slechts resonantie in de pers en werd nergens nagevolgd, in tegenstelling tot de vlies- of gordijngevel.[23] Weliswaar was de vliesgevel geen Amerikaanse maar een Europese inventie maar in de jaren vijftig werd in de Verenigde Staten de *curtain wall* verfijnd en op grote schaal in praktijk gebracht.

Dat Edward Durrell Stone in Nederland tot een begrip kon uitgroeien is opmerkelijk, want in eigen land zou zijn reputatie steeds meer glans verliezen. Hetzelfde overkwam in de VS ook bijvoorbeeld Minoru Yamasaki, die in Nederland echter altijd al minder aanzien had gehad.[24] In de waarderende woorden voor de architect van onder meer het New-Yorkse WTC klonk altijd een zuinige ironie door. Onderaan de pikorde stond Morris Lapidus, die zowel in eigen land als daarbuiten altijd zware kritiek te verduren kreeg. Over zijn Summit Hotel in New York verscheen al in 1962 een vernietigend artikel in *Bouw* onder de titel 'Crêpes Suzettes au kitsch'.[25] In dat anonieme artikel werd het hotel beschreven als een toonbeeld van typisch Amerikaanse slechte smaak, een veelgehoord verwijt voor alles wat niet strookte met Europese esthetische normen. Sinds jaar en dag gold Amerika als het

Victor Christ-Janer and Associates, ontwerp voor een Amerikaans consulaat *design for an American consulate*, Rotterdam (1962)

Edward Durrell Stone, Amerikaans paviljoen *American pavilion*, Expo 1958

Slechte smaak

Net zoals het voor sommige Nederlanders geruststellend was dat veel Amerikaanse architectuur direct of indirect Europese wortels had, zo werd ook het idee gekoesterd dat Amerika op het gebied van smaak niet kon tippen aan de esthetische verfijningen van Europa. Gedeeltelijk is hierin een poging tot compensatie te zien van het gevoel van minderwaardigheid ten opzichte van het economisch, militair en technisch superieure Amerika. Maar ook in de VS bestond af en toe toch enige twijfel of het eigen smaakgevoel wel optimaal ontwikkeld was. Illustratief voor deze twijfel is een auto-advertentie uit 1959 voor een Plymouth convertible met exuberante staartvinnen die werd aangeprezen met de iedere onzekerheid verbloemende slogan 'Good taste is never extreme'. Op het terrein van architectuur en interieurs werd in Nederland vooral de contaminatie van stijlen en historische perioden die in de Verenigde Staten niet ongebruikelijk was, belachelijk gemaakt. De moderne aluminium gotiek van Yamasaki, de decoratieve grillen van Stone en het als kitsch bestempelde eclecticisme van Lapidus waren evenzeer uitingen van deze wansmaak of smakeloosheid als de vele bedoeld en onbedoeld humoristische commerciële bouwsels, van de casino's in Las Vegas (zoals Caesar's Palace) en de themaparken van Disney tot de hotdogvormige hotdogkramen.

Bad Taste

Just as some in the Netherlands took comfort in the idea that a lot of American architecture was directly or indirectly rooted in Europe, so some also cherished the notion that when it came to taste America could not match Europe for aesthetic refinement. In part this can be seen as an attempt to compensate for a sense of inferiority vis-à-vis the economically, militarily and technologically superior United States. But even Americans occasionally doubted whether their own sense of taste was fully developed. A good illustration of such reservations is a 1959 advertisement for a Plymouth convertible sporting massive tail fins which glossed over any misgivings with the slogan: 'Good taste is never extreme'. In the field of architecture and interiors it was the American tendency to scramble styles and historical periods that came in for particular derision in the Netherlands. In Dutch eyes Yamasaki's modern aluminium Gothic, Stone's decorative grilles and Lapidus's eclecticism (dismissed as 'kitsch') were as much expressions of bad taste or lack of taste as the many intentionally or unintentionally humorous commercial structures in the US, from Las Vegas casinos (such as Caesar's Palace) through Disney theme parks to hot dog-shaped hot dog stands.

Amerikaanse ervaringen

Vanaf de jaren vijftig waren er voor Nederlandse architecten en bouwkundestudenten verschillende mogelijkheden om enige tijd te werken of te studeren in de VS. Zo werden onder meer beurzen beschikbaar gesteld voor deelname aan de zomercursussen van het Massachusetts Institute of Technology, voor een jaar (of langer) studeren aan bijvoorbeeld de Universiteit van Illinois (1952-1953) of een opleiding naar keuze. Daarnaast bemiddelde de Netherlands-America Foundation in New York voor jonge Nederlanders om een jaar ervaring op te doen bij Amerikaanse ondernemingen. In de jaren 1958 tot 1960 konden op die manier ook enkele Nederlandse architecten en constructeurs in de VS werken. Onder de architecten- en ingenieursbureaus die plaats hadden voor Nederlanders bevond zich slechts een bekende naam: Philip Johnson die niet het interessantste werk in het vooruitzicht stelde ('de traineeship is bedoeld voor hen, die belangstellen in detailwerk en praktisch werk, doch niet zozeer in ontwerpen') maar met een weekloon van $ 110 tot $ 150 per week wel het beste salaris bood.

American Experiences

From the 1950s onwards, there were various opportunities for Dutch architects and students of architecture to spend some time working or studying in the US. For example, there were grants available for summer schools at the Massachusetts Institute of Technology, a year (or more) at the University of Illinois (1952-1953) or a course of one's choice.
In addition to this, the Netherlands-America Foundation in New York negotiated twelve-month traineeships with American firms, a scheme that enabled a number of young Dutch architects and structural engineers to work in the US between 1958 and 1960. Among the architectural and engineering firms willing to accept Dutch trainees there was but one famous name, that of Philip Johnson. While he did not offer the most interesting work ('the traineeship is intended for those whose interests lie not so much in designing as in detail and practical work') he certainly offered the best salary ($110 to $150 a week).

spreekwoordelijke voorbeeld van slechte smaak. Voordat aan het eind van de jaren zestig het anti-amerikanisme virulent werd, bestond al latent een dédain voor datgene wat er in de VS gebeurde en hier te lande voor wansmaak werd gehouden. De wansmaak werd gezien als een gevolg van een gebrek aan cultuur of van een overdaad aan geld en vaak van allebei.

Gelijktijdig werd ingezien dat hotels als die van Lapidus wel voldeden aan maatstaven van comfort die aanmerkelijk hoger lagen dan wat in Nederland gewoon was. Dat niveau werd in Nederland alleen gehaald in de twee Hilton hotels in Amsterdam (1962) en Rotterdam (1963), van respectievelijk Salm & De Vlaming en H.A. Maaskant (het bureau Maaskant, Van Dommelen, Kroos en Senf zou bovendien in 1967 de opdracht krijgen voor een derde Hilton hotel, op Schiphol).

Net als het Amerikaanse Ministerie van Buitenlandse Zaken had Hilton zijn hotels altijd laten ontwerpen door landgenoten, maar daar werd in Nederland voor het eerst van afgeweken. Eveneens afwijkend was dat Hilton International deze hotels realiseerde met Nederlandse investeringen. Voor het Amsterdamse hotel werd bovendien een staatsgarantie afgegeven voor meer dan negentig procent van de totale lening van dertien miljoen, waar Nederlandse hoteliers – die een garantie voor maximaal vijfenzeventig procent kregen – zich begrijpelijk over opwonden.[26]

De medewerking van de staat en bedrijven als KLM en de Holland-Amerikalijn geeft aan hoe groot de wens was om Hiltons op Nederlandse bodem te krijgen en daarmee hotels die ook de verwende internationaal reizende zakenman of toerist tevreden konden stellen.

Voor de gewone, nog niet zo verwende handelsreiziger verrees in de jaren vijftig en zestig een ander type onderkomen met een Amerikaanse oorsprong: het motel. Een benaming die in 1954 in architectenkringen nog als vreemd jargon werd beschouwd ter aanduiding van een

De Vlaming & Salm, Hilton Hotel, Amsterdam (1962)

H.A. Maaskant, Hilton Hotel, Rotterdam (1963)

A. Staal, motel, Amsterdam (1959)

it became known as *façade à la Stone*, but while it was popular with the press it found no imitators in architectural circles, unlike the curtain wall.[23] Although the latter was a European rather than an American invention, it was in the United States in the 1950s that this sheer glazed façade was refined and deployed on a large scale.

It is odd that Edward Durrell Stone should have developed into such a household name in the Netherlands, for in the US his reputation was steadily declining. The same was true of Minoru Yamasaki, but he had never been as highly rated in the Netherlands anyway.[24] Appreciation for the architect of the New York World Trade Center had always been tinged with a certain irony. Right at the bottom of the pecking order was Morris Lapidus who came in for consistently harsh criticism both at home and abroad. His Summit Hotel in New York had already been torn to pieces in *Bouw* in 1962 in an anonymous article entitled 'Crêpes Suzettes au kitsch'.[25] The hotel was described as a prime example of typically American bad taste – a much heard reproach levelled at anything that did not conform to European aesthetic norms. For years America had been regarded as a byword for bad taste. Even before the virulent anti-Americanism of the late 1960s reared its head, there existed a barely veiled contempt for the alleged crassness of what went on in the US. This poor taste was seen as a product of a lack of culture or an excess of money and often of both.

By the same token, it had to be acknowledged that hotels like Lapidus's Summit Hotel offered a level of comfort considerably higher than the Dutch norm. Indeed, this level was reached only by the two Dutch Hiltons in Amsterdam (1962) and Rotterdam (1963), designed respectively by Salm & De Vlaming and H.A. Maaskant (the office of Maaskant, Van Dommelen, Kroos and Senf was also commissioned to build a third Hilton hotel at Schiphol Airport in 1967).

Like the American State Department, Hilton International had always used American architects, a tradition it first broke with in the Netherlands. Another departure from tradition was the fact that these hotels were realized with Dutch investment. On top of this, the Amsterdam hotel secured a government guarantee for over ninety per cent of the total loan of thirteen million guilders, which understandably angered Dutch hoteliers who were lucky to get a guarantee for seventy-five per cent.[26]

The ready cooperation of government and of companies like KLM and the Holland-America Line is an indication of how keen some people were to see Hilton hotels built on Dutch soil, hotels that would also be capable of satisfying the pampered international businessman or tourist.

For the ordinary, not yet so pampered commercial traveller, another type of American-inspired accommodation made its appearance in the 1950s and 1960s: the motel. In 1954 this

'uit Amerika geïmporteerde combinatie van een volledig geoutilleerde hotelkamer (al of niet met zelfbediening) en een autostalling'.[27] De afstanden in Nederland zijn weliswaar zo klein dat een gelegenheid tot overnachting tussen steden, zoals in Amerika, eigenlijk niet nodig was, maar toch sloeg het op de automobilist gerichte hoteltype aan, niet alleen bij vertegenwoordigers maar ook bij toeristen. Vanaf 1957 kwam in korte tijd een aantal motels tot stand, te beginnen met Hoornwijck in Rijswijk naar ontwerp van W. Verschoor en W.H. Verschoor. De Nederlandse motels stonden slechts af en toe in het open land. Meestal werden ze vlakbij een dorp of stad gesitueerd. En waar Amerikaanse motels in de regel bestonden uit een reeks kamers met elk een eigen buitendeur, waren veel Nederlandse motels eigenlijk conventionele hotels met kamers aan een gang. Alleen de ligging langs de weg en de aanwezigheid van een ruime parkeerplaats rechtvaardigden de beginletter m van het woord motel.

Langs de Nederlandse weg kwamen ook bouwwerken naar Amerikaans ontwerp tot stand, namelijk benzinestations. Vanaf ongeveer 1960 ging bij dit type gebouw de huisstijl de architectonische eigenschappen die eerst de aandacht moesten trekken, overheersen. Aangezien veel benzinemaatschappijen Amerikaans zijn, maakten ze meestal gebruik van landgenoten voor hun wereldwijd gehanteerde huisstijlen, waarvan die van Walter Dorwin Teague voor Texaco uit de jaren dertig het eerstgeboorterecht heeft en die van Eliot Noyes voor Mobil de standvastigste is gebleven. Noyes introduceerde de huisstijl in 1964 en de afgelopen dertig jaar is deze in essentie ongewijzigd gebleven, al zijn de typische ronde luifels inmiddels verdwenen.

Op het terrein van de consumptie braken in de jaren vijftig en zestig nog meer amerikanismen door, zoals de bowlingbaan en de midgetgolfbaan, in de VS populaire plekken om de

Elliot Noyes, tankstation Mobil *filling station*, Almere-Haven (1974)

Midgetgolf *Miniature golf*, Vondelpark, Amsterdam (1955)

word was still regarded in architectural circles as strange-sounding jargon for 'a combination of fully equipped hotel room (with or without self-service) and car parking space, imported from America'.[27] Even though distances in the Netherlands are too short to merit the inter-city stopovers so indispensable in the US, this new type of hotel aimed at the motorist caught on, not just with commercial travellers but also with tourists. Beginning in 1957 with Motel Hoornwijck in Rijswijk (by W. and W.H. Verschoor), several motels appeared in quick succession. Unlike their American counterparts, Dutch motels were rarely built in open countryside. They were more usually located close to a village or town. And whereas American motels generally consisted of a series of rooms, each with its own front door, many Dutch motels were in fact conventional hotels with rooms ranged along a corridor. Only their roadside location and the presence of a large car park justified the initial 'm' in the word motel.

Another type of building based on American design also appeared along Dutch roads, namely the service station. From about 1960 onwards the corporate house style started to oust the original eye-catching architecture. Since many petrol companies were American, they usually engaged fellow countrymen to design their global house styles. While Walter Dorwin Teague's 1930s design for Texaco can claim to be the earliest, that of Eliot Noyes for Mobil has proved the most tenacious. Noyes introduced the Mobil house style in 1964 and it remained essentially unchanged for the next thirty years, although his characteristic round awnings disappeared along the way.

The 1950s and 1960s saw even more Americanisms break through in the field of consumption. In the US the bowling alley and the miniature golf course were popular leisure haunts. Bowling, a streamlined version of the traditional Dutch game of skittles, was introduced to the Netherlands in 1961. Prince Bernhard opened the Bowling and Party Centre in Scheveningen on 20 June 1961 and it was followed the same year by a bowling centre in Breda, to a design by J.J. Margry. Miniature golf, which had become very popular in the US during the Depression, had already made its appearance in the Netherlands in the mid-1950s.

Another American invention is the self-service store whose roots go back to the first Piggly Wiggly store opened in Memphis, Tennessee in 1916. It was not until the 1940s, however, that large chains adopted the self-service principle and started applying it on the scale of the supermarket, which acquired its definitive form with the invention of the shopping trolley by Oklahoma shopkeeper, Sylvan Goldman.[28] In the Netherlands, the first self-service store was opened in 1948 in Nijmegen by the firm of Van Woerkom. In 1951 Simon de Wit opened his first self-service store, followed in 1952 by P. de Gruyter and Albert Heijn. The first true supermarket was opened by future supermarket giant, Albert Heijn, in 1955.

J.J. Margry, Brunswick Bowling, Breda (1961)

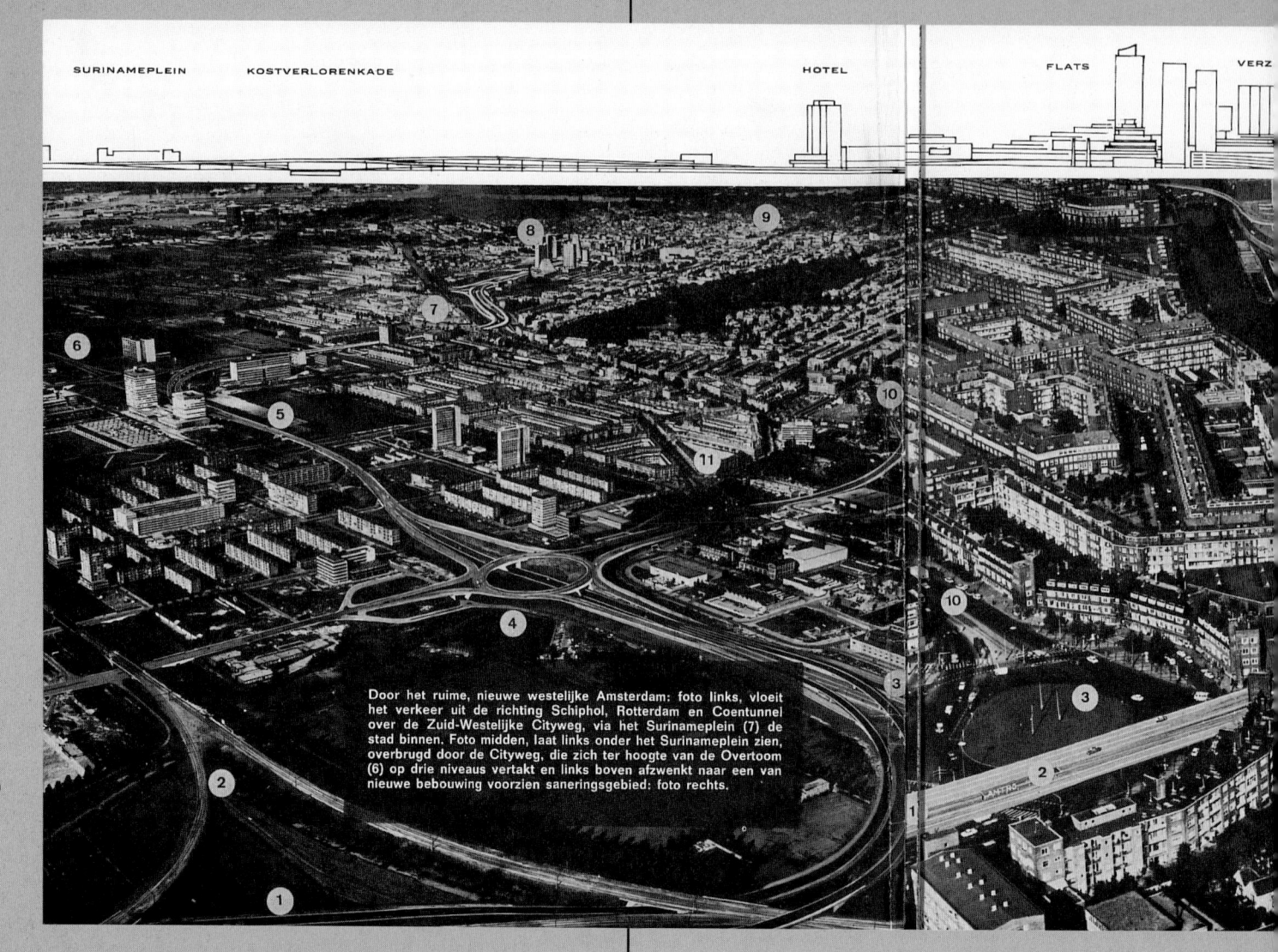

Door het ruime, nieuwe westelijke Amsterdam: foto links, vloeit het verkeer uit de richting Schiphol, Rotterdam en Coentunnel over de Zuid-Westelijke Cityweg, via het Surinameplein (7) de stad binnen. Foto midden, laat links onder het Surinameplein zien, overbrugd door de Cityweg, die zich ter hoogte van de Overtoom (6) op drie niveaus vertakt en links boven afzwenkt naar een van nieuwe bebouwing voorzien saneringsgebied: foto rechts.

Een Amerikaan in Nederland: David Jokinen

D. Jokinen, voorstel voor *proposal for* Amsterdam (1967)

De stedenbouwkundige en planoloog David Andrew Jokinen (1937) kwam in 1959 als student naar Nederland in het kader van een Unesco-project. Hij werkte eerst voor de Rijksdienst voor het Nationale Plan, daarna voor de Provinciale Planologische Dienst van Zuid-Holland en had vervolgens korte tijd een eigen bureau. Dat hief hij in 1963 op omdat hij vond dat de bureaucratie de uitvoering van zijn ideeën in de weg stond. In de vier Nederlandse jaren had hij echter zo van zich doen spreken dat zowel zijn vertrek naar de VS als zijn kortstondige terugkeer in 1967 door vakbladen als nieuws werd beschouwd.

Jokinen was in de eerste plaats verkeerskundige en hij was van mening dat alleen rigoureuze verkeersingrepen de verstopte Nederlandse steden konden redden. In *Geef de stad een kans*, een publicatie die hij in 1967 in opdracht van auto-importeur Leonard Lang had samengesteld, presenteerde hij plannen om Deventer, Maastricht en Amsterdam open te leggen voor het autoverkeer. Het verst gingen zijn voorstellen voor Amsterdam, dat zou moeten worden doorsneden door een omvangrijk stelsel van snelwegen, fly-overs en viaducten, waarlangs grote complexen met kantoren, hotels, winkelcentra en conferentiezalen zouden moeten verrijzen. Deze voorstellen vertonen in de kern gelijkenissen met de ontwikkelingen die hadden plaatsgevonden in Boston, de stad die Jokinen als student aan Harvard en MIT goed had leren kennen.

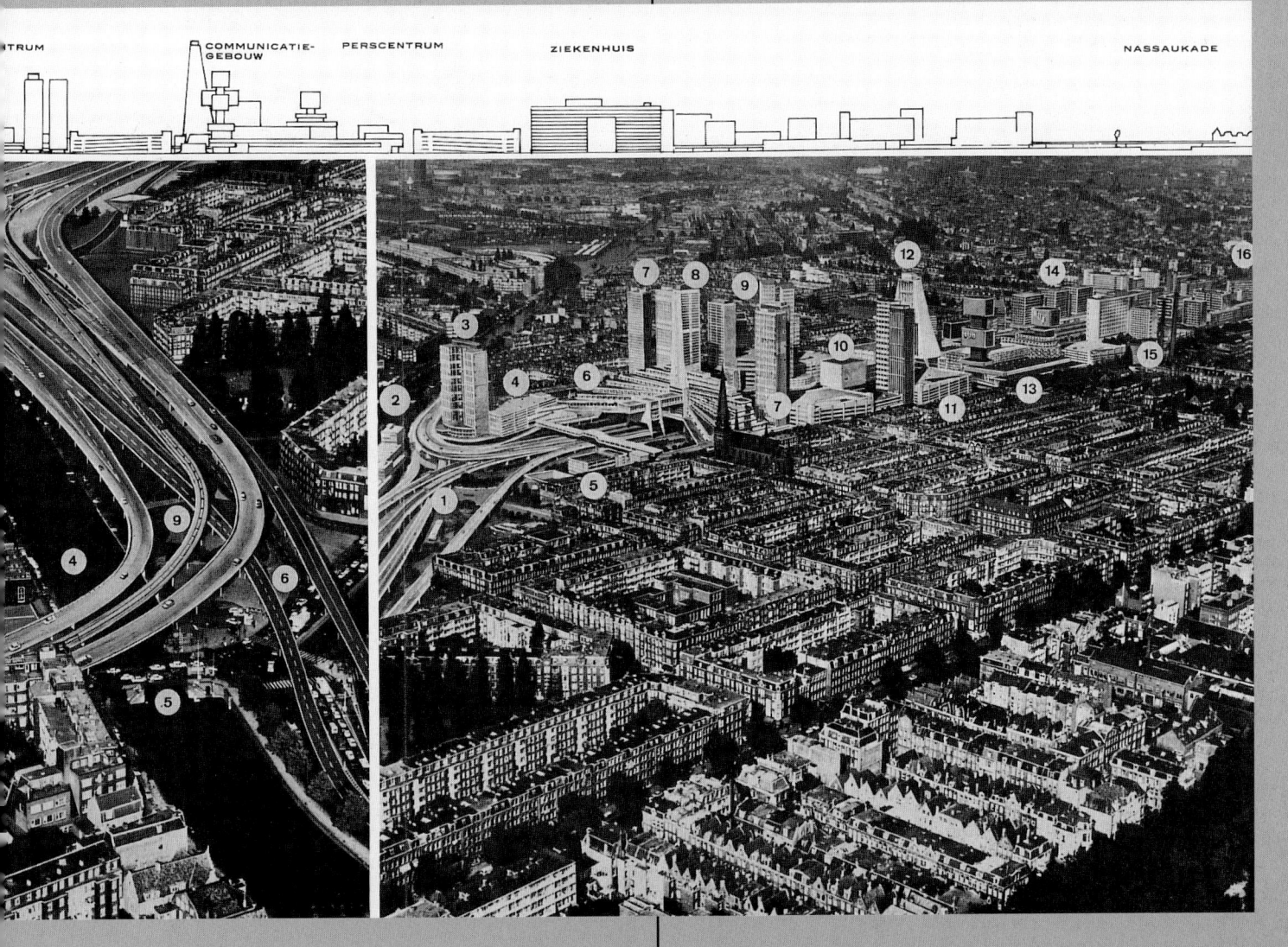

An American in the Netherlands: David Jokinen

The urbanist and planner David Andrew Jokinen (1937) came to the Netherlands as a student in 1959 under the auspices of a Unesco project. He worked first for the National Physical Planning Agency, then for the Zuid Holland provincial planning authority before setting up – briefly – on his own. He dissolved his practice in 1963 complaining that Dutch bureaucracy was preventing him from implementing his ideas. These ideas had won him such notoriety during his four years in the Netherlands that both his departure for the US and his whirlwind return in 1967 were treated as news by the professional journals. Jokinen was first and foremost a traffic expert and he felt that only drastic traffic interventions could save the clogged-up Dutch cities. In *Geef de stad een kans* (Give the City a Chance), a book he put together in 1967 at the behest of car importer Leonard Lang, he presented his plans to open up the cities of Deventer, Maastricht and Amsterdam to motorized traffic. His most radical proposals concerned Amsterdam which was to be traversed by an extensive network of freeways, flyovers and viaducts which would eventually be lined with huge complexes containing offices, hotels, shopping centres. In essence these proposals were very similar to what was happening at that moment in Boston, a city Jokinen had got to know very well while studying at Harvard and MIT.

vrije tijd door te brengen. Bowling, een gestroomlijnde variant op het Oudhollandse kegelen, werd in 1961 in Nederland geïntroduceerd. Op 20 juni 1961 opende prins Bernhard in Scheveningen het Bowling en Partijcentrum Scheveningen en hetzelfde jaar volgde een bowlingcentrum in Breda naar ontwerp van J.J. Margry. Midgetgolf, dat in de crisisjaren in de VS een rage was geworden, dook in Nederland al eerder op, in het midden van de jaren vijftig.

Ook de zelfbedieningswinkel is een Amerikaanse vinding, die terug gaat op de eerste Piggly Wiggly-winkel die in 1916 werd geopend in Memphis, Tennessee. Pas in de jaren veertig zouden in de VS grote ketens het zelfbedieningsprincipe overnemen en gaan toepassen op de schaal van de *supermarket* die dankzij het winkelwagentje, een uitvinding van winkeleigenaar Sylvan Goldman uit Oklahoma, een definitieve vorm kreeg.[28] In Nederland werd in 1948 de eerste ZB-winkel geopend, zoals dit type destijds werd genoemd, door de firma Van Woerkom in Nijmegen. In 1951 opende Simon de Wit zijn eerste zelfbedieningswinkel en in 1952 volgden P. de Gruyter en Albert Heijn, die in 1955 de primeur van de supermarkt had. Zes jaar later waren er in Nederland zeven supermarkten en nog eens zes jaar later ruim tweehonderd.

In een artikel waarin hij de geschiedenis en de toekomst van de ZB-winkel beschreef, maakte Albert Heijn in 1968 gewag van de nieuwe *superstores* die zijn bedrijf zou gaan openen.[29] Ook hier waren Amerikaanse voorbeelden de inspiratiebron, maar anders dan in bijvoorbeeld Frankrijk zou in Nederland het concept van de gigantische supermarkt buiten de stad niet aanslaan. Verder dan een Maxis bij Diemen, een ontwerp van OD 205 uit 1972, zou het nooit komen. De *suburban shopping mall*, waaraan Victor Gruen zo'n wezenlijke bijdrage heeft geleverd, sloeg in Nederland destijds evenmin aan. Compacte buurtwinkelcentra en het

De eerste zelfbedieningswinkel *The first self service store:* Van Woerkom, Nijmegen (1948)

De eerste supermarkt *The first supermarket:*
Albert Heijn, Nieuwe Binnenweg, Rotterdam
(1955)

OD 205, superstore Maxis *hyperstore*, Muiden
(1974)

winkelapparaat in binnensteden voorzagen kennelijk voldoende in de behoefte en bovendien was zeker in de jaren vijftig en zestig de Nederlandse (huis-)vrouw, die het grootste deel van de inkopen deed, nog niet automobiel. Niet alleen had slechts een relatief klein deel van de vrouwen een rijbewijs, het aantal huishoudens met twee auto's was in die tijd zeer laag en als er al een auto was dan had op doordeweekse dagen de heer des huizes, zoals hij toen nog werd genoemd, de auto mee naar het werk.[30]

De automobiliteit in Nederland steeg in de jaren vijftig en zestig sterk, waarbij Amerikaanse auto's overigens meer dan nu het geval is deel uitmaakten van het straatbeeld, maar het principe van de *drive-in* sloeg niet erg aan.[31] Of dat aan de vraag- dan wel aan de aanbodzijde lag, is niet na te gaan. In ieder geval bleken Nederlanders slechts zelden activiteiten in auto's te ontplooien die net zo goed of beter daar buiten konden worden gedaan, zoals films kijken, eten of bankzaken regelen. De overblijfselen van de enkele *drive-in* bioscoop die er ooit is geweest, zouden wegens de zeldzaamheid als amerikanistisch relikwie bescherming verdienen. *Drive-in* restaurants kwamen in de jaren vijftig en zestig nauwelijks voor en ook de aandachttrekkende *roadside architecture* die in Amerika zo rijkelijk is vertegenwoordigd, was langs de Nederlandse wegen schaars. Het reuzenei in Barneveld, nog immer een populaire pleisterplaats voor de liefhebber van gebraden kip vormt een uitzondering.

Op gastronomisch terrein hebben de Verenigde Staten al in het pre-McDonald's tijdperk sporen nagelaten. Vanaf de jaren vijftig verschenen Amerikaans geïnspireerde coffeeshops, automatieken en snackbars en werden verschillende cafetaria's en luncheonettes – ook beide Amerikaanse inventies – naar Amerikaans voorbeeld ingericht en uitgebaat.[32] Een eetgelegenheid waar deze laatste twee typen waren gecombineerd met een gewoon restaurant

Six years later there were seven supermarkets in the Netherlands and another six years after this, over two hundred.

In an article written in 1968 tracing the history and future of the self-service store, Albert Heijn referred to the new superstores his company planned to open.[29] These, too, were inspired by American example but unlike in France, the concept of the out-of-town hypermarket never caught on in the Netherlands. The Maxis store in Diemen, a 1972 design by OD 205, was its sole product. The suburban shopping mall, to which Victor Gruen had made such a significant contribution, also failed to catch on in the Netherlands at this time. People evidently felt that their needs were adequately catered for by the compact neighbourhood centres and downtown retail areas. Besides, in the 1950s and 1960s the only 'wheels' available to Dutch housewives, who did most of the shopping, were attached to bicycles. Not only did relatively few women possess a driving licence, but the number of households with two cars was also extremely low. Insofar as there was a car, the master of the house, as he was still called in those days, drove it to work.[30]

Although car ownership rose steeply in the 1950s and 1960s (and included a much higher proportion of American cars than is the case today), the principle of the drive-in never really caught on.[31] Whether the problem lay with supply or demand is impossible to say. Whatever the case, it seemed that the Dutch seldom went

Snackbar *Snack bar*, Barneveld (1962)

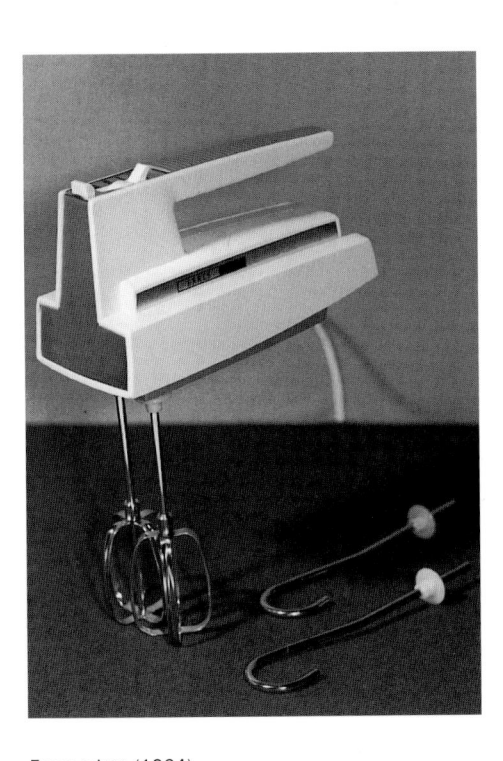

Erres mixer (1964)

Philips wasautomaat *washing machine* (1963)

in for car-bound activities that could be accomplished just as well if not better without a car – such as watching films, eating or going to the bank. The remains of the handful of drive-in cinemas that did get built are so rare as to merit preservation as Americanistic relics. Drive-in restaurants were thin on the ground in these years, as was the attention-getting roadside architecture that is so much a feature of American freeways. The giant egg in Barneveld, still a popular stopping place for devotees of roast chicken, is an exception.

In the gastronomic field the United States had already left its mark on the Netherlands in the pre-McDonald's era. American-inspired coffee shops, automats, and snack bars started to appear in the 1950s and various cafetarias and luncheonettes – two more American inventions – were fitted out and run along American lines.[32] One eating place where these last two types were combined with an ordinary restaurant was the American Corner (1964) on Amsterdam's Kalverstraat, designed by J.F. Herwerden. The area abutting the street in particular was almost indistinguishable from an American luncheonette.

But the US's deepest impact in the food area was in the home, in the kitchen, where all manner of Americanisms filtered through, from Tupperware to kitchens advertised as 'American'. If the difference in prosperity between the United States and Europe was reflected anywhere it was in everything to which a plug was attached. The most important of these was the television but a remarkable number of electrical appliances belonged in the kitchen, such as the refrigerator, toaster, mixer, blender and dishwasher. For a long time they remained a rarity in Dutch kitchens (in 1950, for example, only 0.7 per cent of Dutch households had a refrigerator).[33] Another area where Americans enjoyed a very long head start was in instant foods, ready-to-serve dishes and freezer meals, a lead Europeans lamely attempted to discount by criticizing such products for their blandness.

This culinary critique already contained a latent anti-Americanism that was to become increasingly outspoken in the course of the 1960s, eventually culminating in demonstrations against the Vietnam War.

was de American Corner (1964) aan de Amsterdamse Kalverstraat, een ontwerp van J.F. Herwerden. Vooral het gedeelte direct aan de straat onderscheidde zich in weinig van Amerikaanse luncheonettes.

De diepste indruk op gebied van de voeding maakte de VS echter thuis, in de keuken, waar allerlei amerikanismen doorsijpelden, van Tupperware tot als 'Amerikaans' aangeprezen keukens. Als ergens het verschil in welvaart tussen de Verenigde Staten en Europa was af te lezen, dan was het wel aan alles waar een stekker aanzat. De belangrijkste daarvan was de televisie, maar opvallend veel apparaten hadden hun domein in de keuken, zoals de koelkast, de broodrooster, de mixer, de blender en de afwasmachine. Stuk voor stuk waren dat nog lange tijd zeldzame verschijnselen in de Nederlandse woning (in 1950 had bijvoorbeeld slechts 0,7 procent van de Nederlandse huishoudens een koelkast).[33] Ook met instantproducten, kant-en-klaargerechten en diepvriesmaaltijden hebben Amerikanen jarenlang een voorsprong gehad die Europeanen slechts meenden te kunnen compenseren door af te geven op het gebrek aan fijne smaak van deze voeding.

In deze culinaire kritiek was al latent een anti-amerikanisme aanwezig, dat in de loop van de jaren zestig steeds pregnanter aan het licht zou komen en uiteindelijk leidde tot demonstraties tegen de Vietnamoorlog.

Leo de Bever over Marcel Breuer

Leo de Bever on Marcel Breuer

Na twee jaar in Italië te hebben gewerkt, onder meer bij Giò Ponti in Milaan, vertrok Leo de Bever in 1958 naar Marcel Breuer in New York. Hij verbleef daar een jaar en studeerde aansluitend anderhalf jaar met een *Cornell Fellowship* voor een *master's degree* aan Cornell University in Ithaca. De Bever: 'Dat ik naar Ponti en Breuer ben gegaan, hangt samen met mijn ervaringen in Nederland. In Nederland was de architectuur destijds nogal onbestemd, in ieder geval in vergelijking met wat ik zag in *Domus*, waar ik een abonnement op had. Ik ben opgegroeid in een architectenfamilie. Mijn vader werkte in de traditie van Granpré Molière en de Bossche School maar daar zag ik niets in. Bij Ponti, die toch even oud was als mijn vader, zag ik dat het anders kon, luchtiger. Via bemiddeling van Lou Kalff, met wie ik later het Evoluon zou ontwerpen, kon ik bij hem terecht en dankzij Ponti die mij bij Breuer had geïntroduceerd kon ik daarna naar New York. Het was mijn wens om van dichtbij kennis te maken met de principes van het Bauhaus, die mij naar New York bracht. Daar zaten immers de Bauhausfunctionalisten en ik wilde het liefst naar Breuer vanwege de milde en humane functionaliteit van zijn werk.'

'Het was mijn eerste bezoek aan Amerika en ik ben er met opzet met de boot naartoe gegaan omdat ik de afstand wilde ervaren. Wie ging er toen naar Amerika? Hier in Eindhoven vrijwel niemand, behalve mensen van Philips. Zelfs de burgemeester niet. Toen hij in de tijd dat ik er zat naar New York kwam, heb ik hem nog rondgeleid. De eerste tijd in New York was natuurlijk overweldigend maar na veertien dagen toen ik alles wel een beetje had gezien, kwam die stad enorm op me af. Ik heb zelfs overwogen om mijn retourticket dat ik moest hebben om tot Amerika te worden toegelaten, te gebruiken. Wat ik niet kende was dat afstandelijke dat Amerikanen in het begin hebben. Dat verdween natuurlijk wel en het werd steeds leuker.'

'Mijn eerste werk voor Breuer was de schoorsteen in de Amerikaanse ambassade in Den Haag. Bij Breuer heb ik nog een beetje gebot, want ik kreeg daar betaald. Ik ken iemand die naar Frank Lloyd Wright in Taliesin was

Marcel Breuer, kerk *church*, Muskegon, Michigan (1966)

In 1958, having worked for two years in Italy, for Giò Ponti in Milan among others, Leo de Bever left to work for Marcel Breuer in New York. He stayed there a year and then spent the next eighteen months on a Cornell Fellowship studying for a master's degree at Cornell University in Ithaca. De Bever: 'The fact that I chose to go to Ponti and Breuer is related to my experiences in Holland where architecture was rather indeterminate at that time, at least compared with what I was seeing in *Domus*, to which I had a subscription. I grew up in an architect's family. My father worked in the tradition of Granpré Molière and the Bossche School but that didn't appeal to me. Working with Ponti, who was actually the same age as my father, I saw that it could be done differently, more light-heartedly. I had ended up there via the good offices of Lou Kalff, with whom I was later to design the Evoluon, and it was thanks to Ponti, who recommended me to Breuer, that I was then able to go to New York. It was my desire to get to know Bauhaus principles at first hand that brought me to New York. That, after all, was where the Bauhaus functionalists were and I settled on Breuer because of the mild and humane functionalism of his work.'

gegaan, die moest bijbetalen en bovendien heeft hij nooit iets getekend omdat hij op Wrights boerderij moest werken. Aanvankelijk kreeg ik ook niets maar na een maand ben ik naar Breuer gegaan om te zeggen dat het zo toch niet ging. Hij heeft mij een begroting laten maken van wat ik maandelijks kwijt was en daarvan is hij een deel voor zijn rekening gaan nemen.'

'Het bureau van Breuer was een Europees aandoend kantoor en het was betrekkelijk klein: hijzelf, twee *associates*, twee praktikanten, waarvan ik er een was, een stuk of zes tekenaars en twee secretaresses. Een van beiden hield zich full time bezig met het verzorgen van publicaties en het maken van tekeningen. Breuer was veel op kantoor. Een groot deel van de tijd zat hij aan zijn bureau, voor zich uit te kijken en na te denken. Het was een hele stille man.'
'Wat leuk was, was dat hij nogal wat Bauhaus-mensen op bezoek kreeg. Gek genoeg had hij van die mensen geen werk. In zijn huis in Connecticut, waar hij wel eens *cocktail parties* gaf, daar stond tot mijn teleurstelling praktisch niets. Een Steinberg, een werk van Calder en een Peruviaans potje. Verder niks.'
Na een jaar in New York verhuisde De Bever naar Ithaca, gelegen in het prachtige Fingerlake District. 'Daar kwam mijn scooter die ik uit Nederland had meegenomen weer goed van pas. In New York trok ik er wel veel bekijks mee, maar het was in dat drukke verkeer niet te doen om er op rond te rijden. Als ik mijn colbert uitdeed na een rit door Manhattan stond er een zwarte driehoek op mijn overhemd.' Het *graduate program* van Cornell was 'een opleiding die anders dan bijvoorbeeld het Illinois Institute of Technology in Chicago niet een uitgesproken richting had maar juist heel gevarieerd was en wisselende horizons bood.'

Na afloop van zijn studie keerde De Bever terug naar New York. 'Daar heb ik nog twee maanden gewerkt voor een groot ingenieursbureau, aan het Shea Stadium met die enorme staalconstructie waarvoor een spectaculaire buitenkant moest worden ontworpen. Aan staalkabels hebben we grote gekleurde Mondriaanachtige vlakken opgehangen. In het arbeidscontract van dat bureau stond dat je iedere dag geschoren en gewassen en met een schoon overhemd en een das moest verschijnen. Je zat er in een lange zaal aan tekentafels met aan het eind een opzichter. Als je wilde overleggen met een collega moest je toestemming vragen aan de opzichter die er dan bij kwam staan om te luisteren of het gesprek wel over het werk ging. Je werd er heel goed betaald maar ik wilde er

'It was my first visit to America and I deliberately chose to go by boat because I wanted to experience the distance. Who went to America then? Here in Eindhoven practically no one, except people from Philips. Not even the mayor. When he visited New York during my time there, I showed him around. At first, of course, New York was absolutely breathtaking, but after a couple of weeks when I'd seen just about everything, the city started to close in on me.
I even considered using the return ticket I had had to buy in order to be admitted to America. I wasn't used to that initial aloofness Americans have. It didn't last, of course, and things got steadily better.'
'My first work for Breuer was the chimney-piece in the American embassy in The Hague. I was quite lucky to be with Breuer because I got paid. I know someone who had gone to Frank Lloyd Wright in Taliesin who had to pay his own way and then never got to draw anything because he had to work on Wright's farm. At first I didn't get paid either but after a month I approached Breuer and said that it couldn't go on like this. So then he got me to work out my monthly expenses and he paid part of that.'

'Breuer's office had a European feel to it and it was fairly small: himself, two associates, two assistants, of which I was one, six or so draughtsmen and two secretaries. One of them was fully occupied producing publications and making drawings. Breuer was in the office a lot. A great deal of the time he sat at his desk, staring into space and thinking. He was a very quiet man.'
'He got a lot of Bauhaus visitors though and that was interesting. Oddly enough he didn't get any work from these people. His house in Connecticut, where he sometimes gave cocktail parties, was disappointingly spartan. A Steinberg, a work by Calder and a Peruvian pot. Nothing else.'
After a year in New York, De Bever moved to Ithaca in the beautiful Fingerlake District. 'The scooter I had brought with me from Holland really came into its own there. In New York it attracted a lot of attention but it really wasn't practical in all that heavy traffic. When I took my jacket off after riding through Manhattan, there was a black triangle on my shirt.' The graduate program at Cornell 'unlike the Illinois Institute of Technology in Chicago, didn't pursue any particular line; actually, it was very eclectic and offered a variety of perspectives.'

After completing his studies, De Bever returned to New York. 'I spent another two months at a big engineering firm, working on the Shea Stadium with its enormous steel construction for which a spectacular exterior had to be designed. We hung large coloured Mondrian-like planes on the steel cables. The employment contract for this firm stated that employees had to appear for work every day washed and shaven and wearing a clean shirt and a tie. You sat at drawing tables in a long room at the end of

niet blijven'. Bovendien was de terugkeer naar Nederland een voorwaarde voor de *fellowship* geweest. 'Het idee was om in het land van herkomst Amerika meer kenbaar te maken en de Amerikaanse gedachte mede te verspreiden.' Zijn Amerikaanse jaren hebben De Bever in verschillende opzichten beïnvloed. Hij ontmoette er zijn vrouw, die secretaresse was bij Breuer, en maakte kennis met allerlei nieuwe verschijnselen, 'van curtain wall tot barbecues': 'Het heeft mijn gezichtsveld verbreed. Alles wat ik toen daar heb gezien, kwam later hier of het nu om files ging of gebouwen langs snelwegen. Bovendien werd hij getroffen door de 'veel grotere aandacht dan in Nederland voor moderne architectuur en vormgeving' en door de 'analytische Amerikaanse aanpak': 'Daar werd zaken gedaan zonder teveel emoties, met een voor mij toen nog onbekende scheiding van zakelijke en sociale aspecten.'
'Van een ding heb ik trouwens spijt en dat is dat ik niet meer heb uitgegeven aan kunst toen ik daar was. Het werk van Rauschenberg, Indiana, Dine, Josef Albers en noem maar op was in die tijd nog heel betaalbaar en het bijzondere was dat zo iemand als Rauschenberg gewoon rondliep in z'n galerie en zijn werk zelf verkocht.'

which sat a supervisor. If you wanted to consult a colleague you had to ask permission from the supervisor who came and listened in to the conversation to make sure it was about work. It was well paid but I didn't want to stay there.' Besides, the return to the Netherlands had been a condition of the fellowship. 'The idea was to make America better known in the country of origin and to help to spread the American way of thinking.' His American years affected De Bever in several ways. He met his wife there, a secretary in Breuer's office, and encountered all kinds of new phenomena, 'from curtain walls to barbecues': 'It broadened my horizons. Everything I saw there eventually turned up here, whether it was traffic jams or buildings along the freeways.' He was also struck by the 'much greater interest in modern architecture and design than in Holland' and by the 'analytical American approach': 'Business was conducted without too much emotion, with a separation of business and social aspects that was new for me.'
'One thing I regret though is that I didn't spend more money on art while I was there. Work by Rauschenberg, Indiana, Dine, Josef Albers, you name it, was still very reasonably priced in those days and you'd even find someone like Rauschenberg just walking around his gallery selling his work himself.'

1965-1980
ANTI-AMERIKANISME
Anti-Americanism

Na zeker twintig jaar vooral met bewondering, en soms afgunst, gekeken te hebben naar wat er in de Verenigde Staten allemaal was bereikt, werd in de loop van de jaren zestig de Nederlandse houding steeds kritischer. De moord op president Kennedy, de rassenstrijd, de oorlog in Vietnam en de soms schrijnende ongelijkheid tussen arm en rijk toonden een minder zonnige zijde van het land dat lange tijd een lichtend voorbeeld was geweest. De Amerikaanse betrokkenheid bij de staatsgreep in Chili en de Watergate-affaire maakten het vervolgens niet beter. Overigens werd dat niet alleen hier ervaren maar ook in Amerika: de gouden jaren vijftig hadden, ondanks een voortdurende welvaartsstijging, ook in Amerikaanse ogen plaats gemaakt voor een hardere realiteit.

De veranderende kijk op de Verenigde Staten uitte zich in Nederland in een scherp afnemende belangstelling voor wat er op het gebied van de architectuur gebeurde, een desinteresse die tot het einde van de jaren zeventig zou bestaan. In plaats daarvan richtte de Nederlandse blik zich veel meer op Finland, Zwitserland, Frankrijk en Duitsland.

Dat de VS hadden afgedaan, lag niet alleen aan het land zelf, maar hing samen met een complex van factoren dat zeker na 1970 een duidelijke uitwerking had. In de destijds populaire, veelal links-georiënteerde kritiek op het kapitalisme, de technocratische samenleving en de massaconsumptie fungeerden de VS opvallend vaak als negatief voorbeeld. Ook ter ondersteuning van de gedachte dat de grote stad een onleefbare biotoop was, werd vaak en graag verwezen naar de toestanden in de Amerikaanse metropolen. In bepaalde kringen werd zelfs de internationale moderne architectuur die overal ter wereld opdook, de Amerikanen in de schoenen geschoven. De opgedrongen westerse architectuur was in die redenering een symptoom van de pogingen van multinationals (en hoe vaak waren die niet Amerikaans?) om de Derde Wereld een kapitalistisch juk op te leggen.

Having spent a good twenty years observing American achievements, for the most part with admiration and sometimes with envy, the Dutch became increasingly critical of the United States in the course of the 1960s. The assassination of President Kennedy, the racial conflict, the war in Vietnam and the sometimes heartrending inequality between rich and poor revealed a less attractive side of the country that for so long had been a shining example. American involvement in the military coup in Chile and the Watergate affair did nothing to improve matters. Not that such perceptions were restricted to this side of the Atlantic: Americans, too, felt that despite increasing prosperity, the golden 1950s had given way to a harsher reality.

In the Netherlands the changed view of the United States manifested itself in a rapid decline in interest in architectural developments in America, an indifference that was to persist until the end of the 1970s. Instead, the Dutch looked more frequently towards Finland, Switzerland, France and Germany.

America's fall from favour was not merely the result of its own actions; rather, it was connected with a complex of factors that started to make themselves felt after 1970. In the then popular, usually leftist, critique of capitalism, technocratic society and mass consumption, the United States featured all too often as a negative model. Conditions in the American metropolises were also frequently and eagerly cited in support of the view that the big city was an intolerable biotope. In certain circles Americans were even blamed for the internationally ubiquitous modern architecture. According to this line of reasoning the imposition of Western architecture was symptomatic of attempts by multinationals (and how often weren't they American?) to impose a capitalist yoke on the Third World. On one occasion, objections to American interference in the Netherlands (albeit without ideological basis) were given cautious expression. The project that provoked this rare show of indignation in 1968 was a plan to build a World Trade Centre in Rotterdam's Leuvehaven. Like the New York model it was to be housed in twin towers. The towers, almost 150 metres high, and the plaza in between, had been designed by Skidmore, Owings & Merrill.[34] It was Ernest Groosman, writing in the *NRC* newspaper, who wondered openly whether Dutch architects should not also have been given the opportunity of producing a design. His questioning led to a few more words in the press but not to a change of heart on the part of the client. However, the plan for these two tall towers was effectively shelved when it was discovered to be financially unviable in the Dutch context. Shortly after this, in 1971, SOM got its chance to build in Rotterdam, this time on Marconiplein where three Europoint towers rose between 1971 and 1975. Typical of attitudes to America and American architecture was Ben Eerhart's review of this complex in *Wonen TA/BK* in 1974, in an article headed 'Less is Skidmore'.

Bezwaren tegen Amerikaanse inmenging in Nederland, echter zonder een ideologische grondslag, werden eenmaal voorzichtig geuit: toen in 1968 het plan werd gelanceerd voor een *World Trade Center* in de Rotterdamse Leuvehaven, dat net als het New-Yorkse voorbeeld in *twin towers* moest worden ondergebracht. Skidmore, Owings & Merrill maakte het ontwerp voor de twee bijna 150 meter hoge gebouwen en het daartussen gelegen *plaza*.[34] Het was Ernest Groosman die zich in de *NRC* publiekelijk afvroeg of Nederlandse architecten niet de gelegenheid gegeven had moeten worden om ook een ontwerp te maken. Deze vraag leidde nog tot enige woorden in de pers maar niet tot een andere opstelling van de opdrachtgever. Het plan voor deze hoge torens bleek in de Nederlandse context echter niet rendabel. Kort daarna, in 1971, kreeg SOM alsnog de gelegenheid om in Rotterdam te bouwen, aan het Marconiplein waar gefaseerd drie Europoint-torens verrezen. Tekenend voor de houding ten opzichte van Amerika en Amerikaanse architectuur was de bespreking ervan in 1974 in *Wonen TA/BK* door Ben Eerhart onder de kop 'Less is Skidmore'. Skidmore, Owings en Merrill noemde hij een 'groothandel in architectuur' en hij schreef dat ze 'eerst hun zegeningen "all over the States" hebben uitgestrooid' en daarna begonnen zijn 'de Europese markt te veroveren'.[35]

Al had het officiële Amerika voor velen afgedaan, de jonge Nederlandse generatie keek de hippiecultuur wel af van de VS. Dat uitte zich in de architectuur vooral in de cultuur van zelf bouwen. Het doe-het-zelven dat zich in Amerika in de jaren vijftig en in Europa in de loop van de jaren zestig had ontwikkeld tot een geliefde vrijetijdsbesteding ontpopte zich eind jaren zestig tot een alternatieve levensstijl waarin het vanzelfsprekend was om zonder tussenkomst van een architect een eigen huis te bouwen.[36] In Nederland zijn de resultaten van deze zelfbouwcultuur – die in veel gevallen niet verder reikte dan het interieur – vooral zichtbaar

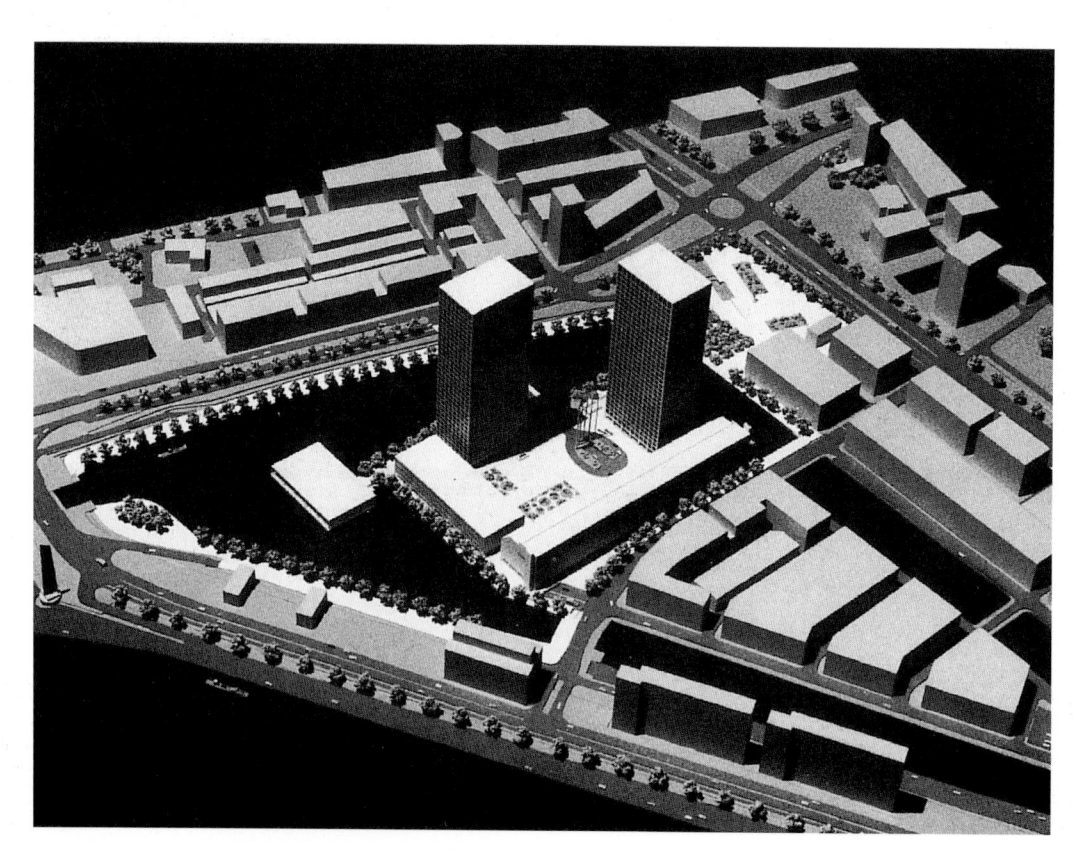

SOM, ontwerp voor *design for* World Trade Center, Rotterdam (1968)

SOM, kantoorgebouwen Europoint *office buildings*, Rotterdam (1975)

Lucas & Niemeijer, kantoorgebouw IBM *office building*, Amsterdam (1976)

Doe-het-zelf interieur *DIY interior* (1969)

He referred to Skidmore, Owings & Merrill as 'architectural wholesalers' and wrote that having 'first strewn their blessings "all over the States"' they had now set out to 'conquer the European market'.[35]

Although the American state as such had lost favour with many people in the Netherlands, this did not stop the younger generation from emulating the American hippie culture. In architecture this manifested itself most clearly in the self-build culture. In the late 1960s, do-it-yourself or DIY, which had developed into a popular pastime in America in the 1950s and in Europe in the course of the 1960s, emerged as an alternative lifestyle. For its proponents building one's own home without resorting to an architect was an article of faith.[36] In the Netherlands the results of this self-build culture – which in many cases extended no further than the interior – were most visible in the trendiest architectural magazine of the day, *(Goed) Wonen*, which later became *Wonen TA/BK*.

Celebrated examples of such DIY building in America were Sam Rodia's Watts Towers in Los Angeles and Drop City in the Californian desert. The houses in the latter community were built according to the principles of the geodesic domes of Richard Buckminster Fuller, the inventor who, despite his work for the American army and for big multinationals like Ford, was a hero of the countercultural movement. Fuller's Janus-like reputation – technocrat and counterculturist – is also evident in the Netherlands. On the one hand two enormous domes were built for Aviodome at Schiphol Airport and the Toyota importer in Raamsdonksveer, according to a system patented by Fuller and regarded by the counterculturists as products of the degenerate, capitalist, affluent society. On the other hand Delft architectural students of the protest generation were taught the principles of geodesic domes by the American Sean Wellesley Miller who had his students construct inflatable plastic tents. One of these self-build students was Hans van Dijk who, from the late 1970s onwards, first as editor of *Wonen TA/BK* and later of *Archis*, was to devote plenty of attention to the latest developments in America, including a long article on Rudolph Schindler and a special issue devoted to Peter Eisenman and John Hejduk.

Although interest in the US declined in the 1970s it did not disappear altogether witness, for example, an American-inspired gem built by H.G. Smelt in 1971. The home that Smelt, one of the directors of OD 205, designed and built for himself in Geldrop is clearly based on one of the finest private houses in the United States, Mies van der Rohe's Farnsworth House in Plano, Illinois. In that same year Architectura et Amicitia (A et A) organized a trip to New York, Philadelphia and Chicago for a hundred and twenty Dutch architects and town planners.[37] In a plane chartered from the KLM they flew to the US where they not only visited classic works by Frank Lloyd Wright and Louis Kahn but also brought themselves up

in het architectuurtijdschrift dat toen het meest de vinger aan de pols had, *(Goed) Wonen*, dat later werd voortgezet als *Wonen TA/BK*.

Spraakmakende voorbeelden van die zelfbouw in Amerika waren de Watts Towers van Sam Rodia in Los Angeles en Drop City in de Californische woestijn. De huizen van deze gemeenschap werden gebouwd volgens de principes van de geodetische koepels van Richard Buckminster Fuller, de uitvinder die ondanks zijn werk voor het Amerikaanse leger en grote multinationals als Ford een held was van de alternatieve beweging. De tweezijdigheid van Fuller als technocraat en alternatieveling is ook in Nederland terug te vinden. Enerzijds werden twee grote koepels gebouwd volgens een door hem gepatenteerd systeem, voor het Aviodome op Schiphol en voor de importeur van Toyota in Raamsdonksveer, beide in alternatieve ogen producten van de verworden kapitalistische welvaartsmaatschappij. Anderzijds kregen Delftse bouwkundestudenten van de protestgeneratie colleges van de Amerikaan Sean Wellesley Miller die de principes van de *geodesic domes* onderwees en de studenten opblaasbare tenten van plastic liet bouwen. Een van die zelfbouwende studenten was Hans van Dijk die vanaf eind jaren zeventig als redacteur van *Wonen TA/BK* en later van *Archis* ruim aandacht zou besteden aan de nieuwe ontwikkelingen in Amerika, onder meer met een uitvoerig artikel over Rudolph Schindler en een special over Peter Eisenman en John Hejduk.

Overigens was de belangstelling voor de VS in de jaren zeventig wel afgenomen maar niet geheel verdwenen, zoals bijvoorbeeld blijkt uit een amerikanistisch juweeltje uit 1971 van H.G. Smelt. In Geldrop realiseerde deze directeur van OD 205 zijn eigen woonhuis dat onverhuld geïnspireerd is op een van de fraaiste villa's in de Verenigde Staten, Farnsworth House in Plano, Illinois van Mies van der Rohe. En in hetzelfde jaar organiseerde Architectura et Amicitia een reis naar de New York, Philadelphia en Chicago voor honderdtwintig

Aviodome, Schiphol (1972)

Slums

Behalve door de oorlog in Vietnam zou het imago van de VS ook beschadigd worden door de tegenstellingen tussen rijk en arm die voor een groot deel samenvielen met de tegenstellingen tussen blank en zwart. Het welvarendste land ter wereld kende nog altijd zeer veel armoede en die uitte zich in de huisvesting in voor Nederlandse begrippen ongekende achterbuurten. Deze *slums* werden in de jaren zestig een van de doelwitten van planners die met sanering, cityvorming en de aanleg van infrastructuur voor het autoverkeer de steden rigoureus van aanzien veranderden.

De Nederlandse belangstelling vanaf het einde van de jaren zestig voor deze transformaties kwam voornamelijk voort uit de wetenschap dat dezelfde opgave van stadsvernieuwing ook hier steeds belangrijker werd. In een tijd dat een anti-stad houding ontstond en Alexander Mitscherlichs *De onherbergzaamheid van onze steden* (dat twee jaar na het Duitse origineel *Die Unwirtlichkeit unserer Städte* uit 1965 in vertaling verscheen) veel werd gelezen, werden de Amerikaanse *slums* bovendien gretig aanvaard als bewijs van de slechte omstandigheden in de steenwoestijn en de asfaltjungle van de moderne metropool.

Slums

America's image was damaged not only by the Vietnam War but also by the disparities between rich and poor which to a large extent coincided with the disparities between white and black. The wealthiest country in the world still contained a lot of poverty and it manifested itself in slum housing of an awfulness unknown in the Netherlands. In the 1960s these slums became the target of planners who, by means of slum clearance, core-formation and infrastructural projects geared to motorized traffic, radically transformed the appearance of the cities. Dutch interest in these transformations from the late 1960s onwards derived chiefly from the knowledge that the same urban renewal task was also becoming increasingly important at home. In a period that saw the birth of an anti-city attitude and when Alexander Mitscherlich's book *Die Unwirtlichkeit unserer Städte* (Our Inhospitable Cities; the Dutch translation appeared two years after the publication of the German original in 1967) was being widely read, the American slums were also eagerly seized upon as proof of the wretched conditions prevailing in the stony desert and asphalt jungle of the modern metropolis.

Nederlandse hulp aan Zuid-Vietnam

De Vietnamoorlog die vrijwel dagelijks via de televisie de Nederlandse huiskamers binnendrong stelde de Nederlandse loyaliteit aan de VS danig op de proef. Toch bleef Nederland, zij het voornamelijk passief, de belangrijkste NAVO-bondgenoot steunen. Actieve steun was er op het terrein van de humanitaire hulp. Op initiatief van de directie Internationale Technische Hulp van het Ministerie van Buitenlandse Zaken kreeg de afdeling Prototypen van het Bouwcentrum in 1966 opdracht om vier klinieken in het Zuid-Vietnamese Saigon te bouwen. Onder leiding van H.O. Eckhardt werden deze vier bouwwerken tussen oktober 1966 en oktober 1969 gerealiseerd in een eenvoudig prefabsysteem.

Dutch Aid to South Vietnam

The Vietnam War, which entered Dutch living rooms almost daily via the television, was a severe test of Dutch loyalty to the United States. Nonetheless, the Netherlands continued to support the leading NATO partner, albeit for the most part passively. Active support was available in the form of humanitarian aid. In 1966, the International Technical Aid department at the Dutch Ministry of Foreign Affairs requested the Bouwcentrum in Rotterdam to build four clinics in the South Vietnamese capital Saigon. The four buildings, erected under the direction of H.O. Eckhardt between October 1966 and October 1969, were constructed using a simple prefab system developed by the Bouwcentrum's Prototype Division.

SOM: toppunt van Amerikaans

Geen enkel ander Amerikaans architectenbureau werd in Nederland zo nauwkeurig gevolgd als Skidmore, Owings & Merrill. Vele grote gebouwen van SOM werden in Nederlandse vakbladen gepubliceerd en bij excursies was een bezoek aan vestigingen van het bureau in Chicago of New York een vast programmaonderdeel. Gezien de enorme reputatie van SOM in Nederland, is het opmerkelijk dat het tot het einde van de jaren zestig duurde voordat het bureau hier eindelijk een opdracht kreeg. In Duitsland (Amerikaanse consulaten in Düsseldorf en Bremen) en België (Banque Lambert in Brussel) had SOM toen al werk gerealiseerd.

Het bureau is groot geworden als de vertegenwoordiger bij uitstek van de International Style, en als hoogbouwer, dat laatste vooral dankzij de Hancock Tower en de Sears Tower in Chicago. Daarnaast is de naam van het bureau verbonden met tientallen bijzondere gebouwen, van het hoofdkwartier van Inland Steel in Chicago (1958) tot de Haj Terminal op het vliegveld van Jeddah (1982). In de jaren tachtig heeft het wereldwijd actieve bureau het idioom uitgebreid tot het postmodernisme, waarvan in Den Haag de uitbreiding van het hoofdkantoor van Shell (1983-1988) een voorbeeld is. Daarnaast bleef het modernisme echter een belangrijke referentie voor Skidmore, Owings & Merrill.

SOM, Lever House, New York (1952)

SOM, John Hancock Building, Chicago (1969)

Pre-eminently American: SOM

No other American architectural practice was so closely followed in the Netherlands as Skidmore, Owings & Merrill. Many of SOM's big buildings were featured in Dutch architectural journals and no excursion to the US was complete without a visit to the firm's Chicago or New York office. Considering SOM's enormous reputation in the Netherlands, it is odd that it was not until the late 1960s that the firm finally landed a commission here, by which time it had already completed works in Germany (American consulates in Düsseldorf and Bremen) and Belgium (Banque Lambert in Brussels). SOM rose to prominence as the leading exponent of the International Style and as a skyscraper builder, the latter thanks mainly to the Hancock and Sears Towers, both in Chicago. Its name was also linked to numerous distinctive buildings, from the Inland Steel Co. headquarters in Chicago (1958) to the Haj Terminal at Jeddah airport (1982). In the 1980s this internationally active firm changed tack, extending its idiom to include postmodernism, of which the Shell headquarters in The Hague (1983-1988) is an example. At the same time modernism continued to be an important point of reference for Skidmore, Owings & Merrill.

Nederlandse architecten en stedenbouwkundigen.[37] Met een gecharterd toestel van de KLM vlogen zij naar de VS waar klassieke werken van Frank Lloyd Wright en Louis Kahn werden bezocht en waar zij zich op de hoogte stelden van eigentijdse werken als Marina City (Bertrand Goldberg) en het John Hancock Building (SOM) in Chicago en het in aanbouw zijnde World Trade Center in New York van Minoru Yamasaki. In een opzicht onderscheidde de reis van A et A zich duidelijk van andere door Nederlanders gemaakte Amerika-reizen. Typisch voor die tijd was de prominente plaats die in het programma was ingeruimd voor bezoeken aan stadsvernieuwingsprojecten en aan gemeentelijke instanties en actiegroepen die zich hiermee bezighielden. Al hadden de VS begin jaren zeventig een groot deel van hun voorbeeldfunctie verloren, op het terrein van de stadsvernieuwing viel er nog altijd wat te leren van Amerika, ook al zou dat gezien de vaak grootschalige ingrepen vaker dan ooit tevoren een wijze les zijn hoe het in Nederland niet zou moeten worden aangepakt.[38]

Deelnemers aan de excursie van A et A
A et A tour group, Oak Park, Chicago (1971)

to date on such recent works as Marina City (Bertrand Goldberg), the John Hancock Building (SOM) in Chicago and Minoru Yamasaki's World Trade Center then under construction in New York. A et A's trip to America differed in one important respect from other American tours by Dutch architects. Typically for those days, a prominent place in the programme was reserved for visits to urban renewal projects and to the municipal authorities and action groups involved. Although the US had lost a good deal of its role-model status in the early 1970s, in the field of urban renewal it still had something to teach the Dutch – even if, given the often large-scale interventions, it was more often than ever before a timely lesson in how not to go about it in the Netherlands.[38]

OD 205 (H.G. Smelt), woonhuis Smelt *House*, Geldrop (1971)

69

Nederlanders in het Amerikaanse onderwijs

Vanaf het einde van de jaren vijftig reisden Nederlandse architecten niet alleen naar de Verenigde Staten om zich op de hoogte te stellen van de laatste ontwikkelingen, maar in toenemende mate ook om Amerikanen deelgenoot te maken van nieuwe inzichten uit Europa. Vooral Aldo van Eyck heeft op veel plaatsen gedoceerd, te beginnen in 1960 met de University of Pennsylvania. Daarna zou hij doceren aan de Washington University in Saint Louis waar ook Jaap Bakema les heeft gegeven, Harvard en Berkeley. Begin jaren tachtig bezette hij twee jaar de Paul Philippe Cret-leerstoel voor architectuur aan de University of Pennsylvania. In de jaren negentig zouden ook Rem Koolhaas (Harvard), Wiel Arets (Columbia University), Wim van den Bergh (Cooper Union) en Ben van Berkel (Columbia) (gast)docentschappen in de VS gaan vervullen. Eén architect vond permanent werk in de VS: John Habraken die bekendheid had gekregen door zijn boek *De dragers en de mensen*, dat begin jaren zeventig in het Engels verscheen onder de titel *Supports*. In 1975 verruilde Habraken zijn baan als hoofd van de afdeling bouwkunde aan de TH in Eindhoven voor dezelfde functie aan het gerenommeerde Massachusetts Institute of Technology in Cambridge (Mass.).

Dutch Contributions to American Education

From the end of the 1950s, Dutch architects were travelling to the United States not only in order to catch up on the latest developments but also and increasingly in order to acquaint Americans with the latest insights from Europe. Aldo van Eyck in particular taught in many places, starting with the University of Pennsylvania in 1960. This was followed by the Washington University in Saint Louis, where Jaap Bakema had also taught, Harvard and Berkeley. In the early 1980s he occupied the Paul Philippe Cret chair of architecture at the University of Pennsylvania for two years. In the 1990s Rem Koolhaas (Harvard), Wiel Arets (Columbia University), Wim van den Bergh (Cooper Union) and Ben van Berkel (Columbia) all taught for varying periods in the US. One Dutch architect found permanent work in the US: John Habraken, who had shot to fame with his book *De dragers en de mensen*, which had appeared in English under the title *Supports* in the early 1970s. In 1975 Habraken swapped his job as head of the architecture department at Eindhoven University of Technology for the same position at the illustrious Massachusetts Institute of Technology in Cambridge.

Richard Buckminster Fuller

Vanaf het midden van de jaren vijftig was de veelzijdige uitvinder Richard Buckminster Fuller (1895-1983) een bekende Amerikaan in Nederland. Zijn voornaamste wapenfeit was de uitvinding van de geodetische koepel. In 1955 bezong architect R.D. Bleeker lof aan de ontwerper van deze koepel: 'de grote betekenis van Fuller's werk, zowel voor de V.S. als voor ons, is dat hij het probleem van de koepelbouw, het meesterstuk van iedere architectuurbeschaving, op een frisse en eigentijdse wijze heeft opgelost.' Pas later, in het hippietijdperk zou Fuller als ecologisch filosoof furore maken met zijn ideeën over 'ruimteschip aarde', een door hem bedachte uitdrukking.

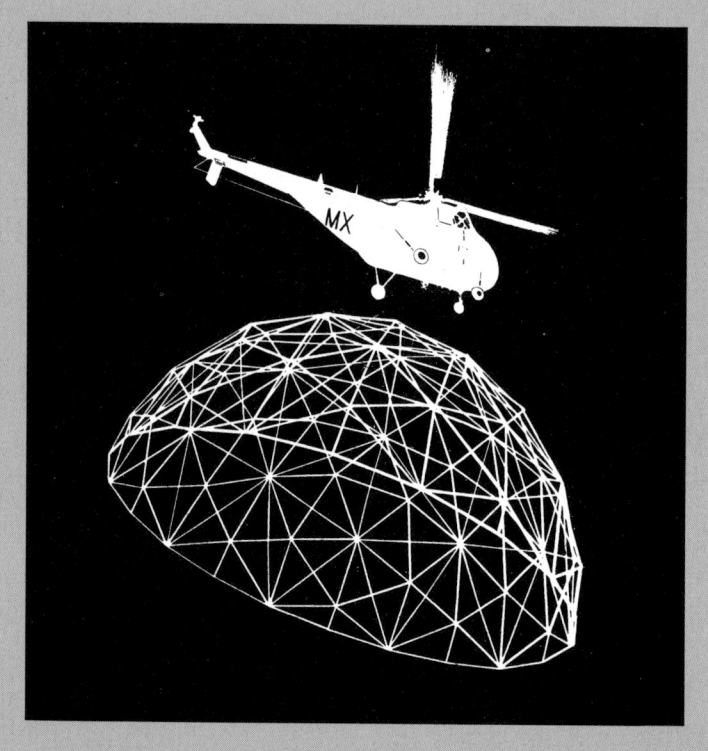

Richard Buckminster Fuller, geodetische koepel
geodesic dome, Kwadraat-Blad (1965)

From the mid-1950s onwards, the multi-talented Richard Buckminster Fuller (1895-1983) was a well-known American figure in the Netherlands. His most important achievement was the invention of the geodesic dome. In 1955 the Dutch architect R.D. Bleeker sang the praises of the dome's designer: 'the great significance of Fuller's work, both for the US and for us, is that he has solved the problem of dome construction, the crowning glory of every architectural civilization, in a fresh and contemporary manner.' Only later, in the hippie period, would Fuller the ecological philosopher cause a furore with his ideas about 'spaceship earth', a term he coined himself.

Cornelis van de Ven over Louis I. Kahn

Cornelis van de Ven on Louis I. Kahn

Bijna vier jaar bracht Cornelis van de Ven door in Philadelphia, waar hij studeerde, promoveerde en lesgaf. Van de Ven: 'In de zomer van 1971 – ik werkte op dat moment bij Van den Broek en Bakema – deed ik eindexamen aan de Academie van Bouwkunst in Rotterdam. Ik wilde dolgraag naar Louis Kahn wiens architectuur mij bijzonder aantrok, maar het ontbrak me aan financiële middelen. Daarom had ik me al het jaar daarvoor onderworpen aan de zware toelatingseisen voor een Fulbrightbeurs. Bakema, die in die dagen ook in Amerika bekendheid genoot, en Carel Weeber hebben voor mij de noodzakelijke referentiebrieven geschreven.
Ik werd uiteindelijk uitverkoren en daar was ik heel trots op. De Fulbright-beurs was genoeg voor de reis- en verblijfskosten, maar je moest zelf het collegegeld betalen. Dat was destijds al 35.000 gulden per jaar. De volgende stap was daarom: schrijven naar Amerikaanse universiteiten om te proberen een beurs voor dat collegegeld te bemachtigen. Ik wilde eigenlijk alleen naar de Universiteit van Pennsylvania, waar Kahn zat, maar het Nederland-Amerikainstituut adviseerde me meerdere ° universiteiten aan te schrijven. Ik koos voor de top: Yale, MIT, Harvard, Columbia. Berkeley vond ik te ver. Voor mij was Amerika toch New York en omgeving. Hoewel ze bij het Nederland-Amerikainstituut dachten dat ik zonder universitaire opleiding geen kans zou maken, boden alle aangeschreven instituten mij een beurs aan, ook de Universiteit van Pennsylvania. Dat ik daarvoor koos behoeft geen toelichting.'

'De eerste ontmoeting met Kahn vond ik ongelooflijk. We kregen les van hem in de sfeervolle bibliotheek van Frank Furness, waar de architectuuropleiding toen zat. Twee middagen per week kwam hij langs met Norman Rice, zijn rechterhand, en met Le Ricolais, een constructeur. En er

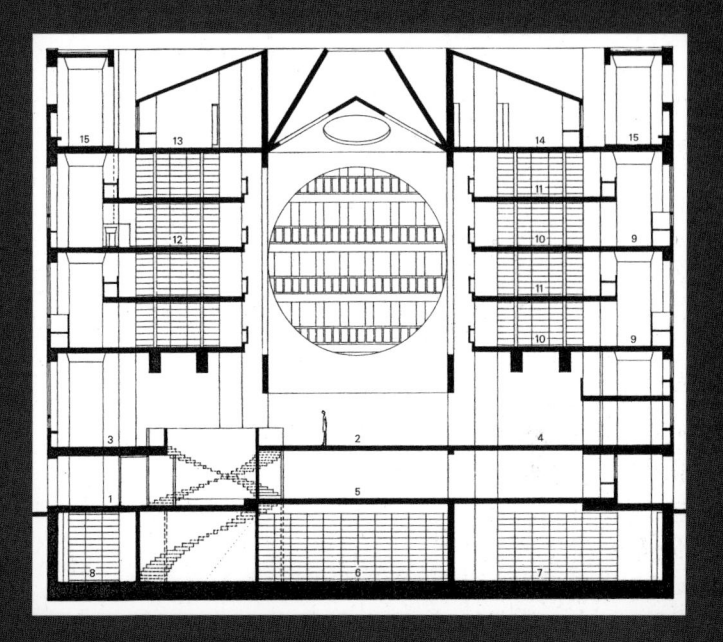

Louis Kahn, bibliotheek *library* Exeter (1972)

Cornelis van de Ven spent almost four years in Philadelphia where he studied, graduated and taught: 'In the summer of 1971 – I was working with Van den Broek and Bakema at the time – I took my final exams at the Academy of Architecture in Rotterdam. My big ambition was to study with Louis Kahn, whose architecture greatly appealed to me, but I didn't have the money. The previous year, therefore, I had submitted to the tough selection procedure for a Fulbright scholarship. Bakema, who was also well-known in America in those days, and Carel Weeber, provided me with the necessary letters of recommendation. I was eventually selected, a fact I was very proud of. The Fulbright scholarship covered travelling and accommodation expenses but you had to pay the tuition fees yourself – even in those days they amounted to 35,000 guilders a year. So the next step was to write to American universities to try to get a scholarship to cover the tuition fees. I was really only interested in going to the University of Pennsylvania where Kahn was but the Netherlands-America Institute advised me to apply to several universities. I went for the top: Yale, MIT, Harvard, Columbia. I thought Berkeley was too far away. For me America was New York and the surrounding area. Although the Netherlands-America Institute thought

was ook altijd een ascetische Hongaarse dichter bij, Gabor. Een zeer kleurrijk stel. Kahn ging dan aan tafel zitten en de twintig, vijfentwintig studenten in een kring eromheen. Ik was niet zo'n dweper. Ik probeerde wel in zijn sfeer te denken maar ik had niet die onderdanige neiging tot imiteren die veel studenten hadden. Daar had Kahn ook een hekel aan, hij hoorde graag nieuwe geluiden. Hij begon dan te vertellen wat hij die week bedacht had. Hij kon ontzettend filosofische uiteenzettingen geven. Het kostte sowieso al twee, drie maanden om door te hebben waarover hij het had. Kahn had periodes dat hij met bepaalde begrippen bezig was, zoals "commonality", "presence", "spent light", "the room", "the beginning".'

Na het eerste jaar probleemloos te zijn doorgekomen, kreeg Van de Ven dankzij de decaan van de universiteit, G. Holmes Perkins, een fellowship voor het Ph.D. Program. Eind 1974 voltooide hij zijn onderzoek dat zou leiden tot het proefschrift *Space in architecture*. 'De afronding van mijn proefschrift was voor mij een unieke en onvergetelijke tijd. Maandenlang heb ik toen in de Library of Congress gezeten. Ik mocht gastcolleges geven aan diverse universiteiten en was een populaire jonge docent.' Daarna moest hij terug. 'In de voorwaarden van de Fulbright-beurs was een *non residency*-regel opgenomen. Ik had ondertussen verschillende aanbiedingen gekregen om les te gaan geven aan Amerikaanse universiteiten, maar dat mocht niet baten. Ik heb van alles geprobeerd om in de VS te blijven maar zonder succes. Daarbij speelde mee dat de oorlog in Vietnam ten einde liep en veel Vietnamese collaborateurs naar Amerika uitweken. Dat maakte het voor mij extra moeilijk om te blijven want ik moest aantonen dat ik voor de hele USA uniek en onmisbaar was en dat lukte niet in die periode.'

'Dankzij Habraken, die toen net naar MIT was gekomen, kwam ik te weten dat de TH Eindhoven iemand zocht. Ik heb daar gewerkt tot mijn eigen bureau al mijn tijd ging vergen. Nederland was bij terugkeer een domper voor mij, ik was het leven dáár gewend, in een boeiende Amerikaanse stad en de academische en internationale sfeer op de campus.' Ook met het architectonisch klimaat in Nederland had en heeft Van de Ven moeite. 'Nederland wordt helemaal beheerst door het functionalisme. Ik herken me nog steeds in de ideeën van Kahn. Deze ideeën zijn in het bekrompen Nederlandse klimaat juist sterker geworden. Toen ik voor het eerst bij hem op zijn bureau in Market Street kwam, een klein bureau trouwens, zag ik al die prachtige boeken die hij daar had, van Letarouilly bijvoorbeeld. Kahn had de worsteling met het functionalisme

I wouldn't stand a chance without a university education, all the institutions I applied to offered me a scholarship, including the University of Pennsylvania. It goes without saying that this was the one I chose.'

'I was bowled over by that first meeting with Kahn. His classes were held in Frank Furness's wonderful library which was where the architecture faculty was located then. He turned up two afternoons a week accompanied by Norman Rice, his right-hand man, and Le Ricolais, an engineer. And there was always an ascetic-looking Hungarian poet, Gabor, with them too. A very colourful group. Kahn would sit down at the table with the twenty, twenty-five students in a circle around him. I wasn't such a devotee. I did try to get into his way of thinking but I didn't have that deferential tendency to imitate that many students had. Kahn hated it too, he liked to hear new ideas. Then he would start telling us what he had been thinking about that week. His explanations could be tremendously philosophical. In any case it took two, three months to grasp what he was talking about. Kahn had periods when he was occupied by certain concepts, like "commonality", "presence", "spent light", "the room", "the beginning".'

Having sailed through the first year without any difficulty, Van de Ven received a fellowship for the Ph.D. Program, thanks to the dean of the university, G. Holmes Perkins. At the end of 1974 he finished the research that would lead to his doctoral thesis, *Space in architecture*. 'The period when I was completing my thesis was a unique and unforgettable time. I spent months working in the Library of Congress. I was allowed to give lectures at various universities and I was a popular young lecturer.' Then he had return to the Netherlands. 'The Fulbright scholarship conditions included a non-residency rule. By then I had received various offers to teach at American universities, but all to no avail. I did everything I could to stay in the US but without success. It didn't help matters that the Vietnam War was coming to an end at that time and a lot of Vietnamese collaborators were fleeing to America. That made it all the more difficult for me to stay because I had to show that I was unique and indispensable for the whole USA and that just wasn't possible at that time.'

'Thanks to Habraken, who had just arrived at MIT, I found out Eindhoven University of Technology was looking for someone. I worked there until my own practice started to demand all my time. The Netherlands was a real let down when I came back, I was used to the life over there, in an exciting American city, and the academic and international atmosphere on the campus.' Van de Ven also had and still has difficulty with the architectural climate in the Netherlands. 'Holland is completely dominated by functionalism. I still identify with Kahn's ideas. And these ideas

meegemaakt en koos definitief voor de Ecole des Beaux-Arts die meer voor hem betekende dan Mies van der Rohe. De Amerikaanse architectuurtraditie was voor mij een bevestiging van de beperktheden van het functionalisme. Voor mij ging er een wereld open. Ik zag dat de invloed van het functionalisme helemaal niet zo groot was. Het heeft hooguit tijdelijk een eind gemaakt aan de klassieke traditie van bijvoorbeeld McKim, Mead & White.'

'Het functionalisme wordt geleid door het pragmatische antwoord op de vraag. En door het streven alles zo dun en licht mogelijk maken. Ik vind het functionalisme interessant maar er is toch werkelijk iets fout met de uiteengevallen ruimte en het "Existenzminimum" in het materiaalgebruik. Bij Kahn ging het om materie. Hij herhaalde voortdurend dat alle materie voortkwam uit het licht. Ik heb ook een voorkeur voor dikke gebouwen, zoals van Berlage, De Bazel en Kromhout en voor omsloten intieme stedelijke ruimten. Ik vind dat architectuur niet eigentijds moet zijn zoals vaak wordt gezegd, maar dat je op zoek moet naar de "eeuwige waarden". Kahn deed dat. En die "eeuwige waarden" betekenen voor mij de voortzetting van de klassieke traditie.'

have only got stronger in the blinkered Dutch climate. When I first visited Kahn's Market Street offices – quite a small set-up incidentally – I saw all these wonderful books that he had, by Letarouilly for example. Kahn had taken part in the struggle with functionalism and had finally come down in favour of the Ecole des Beaux-Arts which meant more to him than Mies van der Rohe. The American architectural tradition was confirmation for me of the limitations of functionalism. It opened up a new world. I saw that functionalism's influence was not all that great after all. At most it put an end to the classical tradition of McKim, Mead & White for example.'

'Functionalism is ruled by the pragmatic answer to the question. And by the ambition to make everything as thin and light as possible. I find functionalism interesting but there is really something wrong with the disintegrated space and the "Existenzminimum" as applied to materials. Kahn's primary concern was matter. He was constantly reiterating that all matter derived from light. I prefer solid buildings too, like those by Berlage, De Bazel and Kromhout, and enclosed, intimate urban spaces. I don't agree with all those people who say that architecture must be contemporary; you should look for "eternal values". That's what Kahn did. And for me those "eternal values" mean the continuation of the classical tradition.'

1975-1997
EEN AMERIKAANSE INVASIE
An American Invasion

Een bijwerking van de geringe belangstelling voor de Amerikaanse situatie aan het begin van de jaren zeventig was dat nieuwe ideeën en ontwikkelingen uit de Verenigde Staten slechts mondjesmaat en vaak met vertraging doordrongen. De verschijning van wat achteraf een cruciaal boek wordt gevonden, Robert Venturi's *Complexity and Contradiction in Architecture* uit 1966, is aan Nederland aanvankelijk voorbijgegaan, maar die achterstand is in de loop der tijd ingehaald. *Complexity and Contradiction* en ook *Learning from Las Vegas* worden tegenwoordig bijna even vaak aangehaald als klassiekers van het kaliber van Le Corbusiers *Vers une architecture*. Vanaf het midden van de jaren zeventig begon de aandacht voor Amerikaanse architectuur weer toe te nemen. Een van de eerste tekenen daarvan was in 1975 de tentoonstelling 'Americana' in het Rijksmuseum Kröller-Müller in Otterlo, die een overzicht van de Amerikaanse invloeden op de Nederlandse architectuur tussen het einde van de negentiende eeuw en het begin van de Tweede Wereldoorlog gaf.[39]

Drie jaar later, in 1978, verscheen *Delirious New York* van Rem Koolhaas, een boek dat hij schreef tijdens een langdurig verblijf in Amerika. Deze studie van Manhattan vormde de opmaat voor de herwaardering van zowel de grote stad als het hoge gebouw. Tot ver in de jaren zeventig werd de stad als onherbergzaam oord verguisd en hoogbouw als horizonvervuiling verketterd en soms zelfs veroordeeld als 'erectie van het grootkapitaal', maar kort daarna keerde het tij en werden de charmes van de stad en het stedelijk leven opnieuw ontdekt. Tevens werd nagedacht hoe die metropolitische levendigheid in de Nederlandse steden bewerkstelligd kon worden. Een van de oplossingen was vervat in het model van de compacte stad dat begin jaren tachtig opgang maakte.[40] Centraal daarin stond dat een levendige stad slechts tot stand kan komen als aan twee voorwaarden is voldaan: een hoge dichtheid en een grote variatie aan functies. Een middel bij uitstek om die doelen te bereiken was

One side-effect of the diminished interest in the American situation in the early 1970s was that new ideas and developments emanating from the United States were very slow in reaching Dutch architectural circles. The publication in 1966 of what would later come to be regarded as a seminal text, Robert Venturi's *Complexity and Contradiction in Architecture*, initially passed the Netherlands by. These arrears have since been made up, however, and *Complexity and Contradiction* and *Learning from Las Vegas* are nowadays cited almost as frequently as classics of the calibre of Le Corbusier's *Vers une architecture*. In the mid-1970s interest in American architecture started to pick up again. One of the first signs of this revival of interest was the 'Americana' exhibition held in the Kröller-Müller Museum in Otterlo in 1975. It presented visitors with an overview of American influences on Dutch architecture from the end of the nineteenth century to the beginning of the Second World War.[39]

Three years later, in 1978, Rem Koolhaas's *Delirious New York* appeared, a book he had written during an extended stay in America. This study of Manhattan was the opening salvo in a reappraisal of both the big city and the tall building. Until well into the 1970s the city had been reviled as inhospitable and high-rise denounced as skyline pollution and sometimes scathingly dismissed as 'a big business erection'. But around 1980 the tide turned and the charms of the city and of city life were discovered anew.

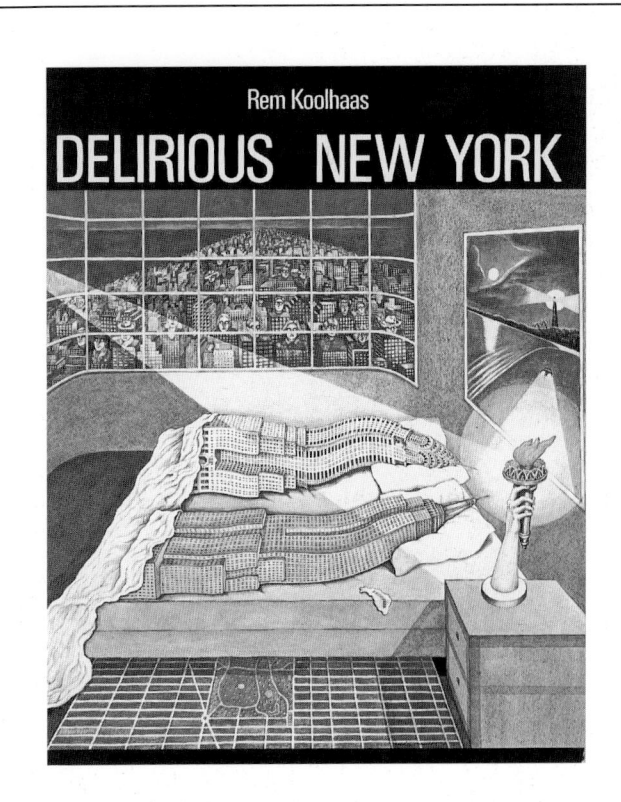

Abe Bonnema, kantoorgebouw Nationale
Nederlanden *office building*, Rotterdam (1991)

Architects and planners started looking for ways of achieving this metropolitan vibrancy in Dutch cities. One solution was contained in the model of the compact city that started to win favour in the early 1980s.[40] Central to this approach was the belief that a dynamic city could only arise where two conditions were met: high density and a wide variety of functions. The best means of achieving both these goals was high-rise, as exemplified in that most compact of cities, Manhattan, where highly diverse functions and purposes can be found alongside and on top of one another. According to proponents of this model, something like this, albeit on a smaller scale, was feasible in Dutch cities and it would also provide an ideal living environment for a new, US-inspired breed, the yuppie. Supporters of the compact city found natural allies in the architects and engineers of the Stichting Hoogbouw (High-rise Foundation) established in 1984.[41] This foundation was dedicated to promoting high-rise construction, a genre that was all but unknown in the Netherlands at that time. OD 205's Academic Hospital in Rotterdam (1965-1972; 117 metres) was the only Dutch building to break through the 100-metre barrier. Things started to change in the second half of the 1980s and a fair number of (by Dutch standards) tall buildings sprang up, especially in Rotterdam. For these buildings much use was made of reflective glass, a façade cladding first popularized by I.M. Pei's John Hancock Tower in Boston (1973) and since then almost *de rigeur* for high-rise office buildings.

It seems unlikely that the wave of high-rise construction in the Netherlands was entirely attributable to lobbying by Stichting Hoogbouw, especially when one considers the simple means they employed to promote their ideal: newsletters, a few conferences and a number of study tours, the latter including two visits to the US but also trips to Asia, South Africa and South America. The American excursions took place at a time when the US economy was beginning to pick up again and investors and companies were regaining their faith in city centres. After a long period of suburban relocations, the inner cities were enjoying a renaissance that gave rise to a new generation of skyscrapers, the best known of which was Philip Johnson's first postmodernist structure, the AT&T Building in New York.[42]

Johnson's 'conversion' to postmodernism was generally seen as proof that this movement had finally arrived, just as a decade later his involvement in the exhibition 'Deconstructivist Architecture' in the Museum of Modern Art in New York and his subsequent about-turn in the deconstructionist direction was seen as marking the moment when 'decon' became socially acceptable.[43]

Skyscrapers were not the only reason for a revival of Dutch interest in the US towards the end of the 1970s. With the New York Five, Robert Venturi and Charles Moore as major representatives of

hoogbouw, zoals te zien was in het summum van de compacte stad, Manhattan, waar de meest uiteenlopende functies en bestemmingen naast en boven op elkaar te vinden zijn. Op kleine schaal zou zoiets volgens de voorstanders van dit model ook in de Nederlandse steden tot ontwikkeling kunnen komen en daarmee zou tevens een ideale woonomgeving ontstaan voor een nieuw menstype dat was overgewaaid uit de VS, de yuppie. De voorstanders van de compacte stad vonden natuurlijke bondgenoten in de architecten en constructeurs van de Stichting Hoogbouw, opgericht in 1984.[41] Deze stichting beijvert zich voor hoogbouw in Nederland, een genre dat toen nog nauwelijks bestond. Afgezien van het 117 meter hoge Academisch Ziekenhuis in Rotterdam (1965-1972) van OD 205, overschreed geen enkel Nederlands gebouw een hoogte van een hectometer. Vanaf de tweede helft van de jaren tachtig kwam hier verandering in en verrees een behoorlijk aantal naar Nederlandse maatstaven hoge gebouwen, vooral in Rotterdam. In die gebouwen werd veel spiegelend glas toegepast, een gevelbekleding die sinds de John Hancock Tower in Boston (1973) van I.M. Pei jarenlang toonaangevend zou zijn in kantoorhoogbouw.

Dat de Nederlandse hoogbouwgolf alleen het resultaat zou zijn van een lobby van de Stichting Hoogbouw is onwaarschijnlijk als gekeken wordt met welke eenvoudige middelen de hoogbouw werd gepropageerd: nieuwsbrieven, enkele congressen en studiereizen waarbij tweemaal de VS werden bezocht, maar er eveneens reizen naar Azië, Zuid-Afrika en Zuid-Amerika werden gemaakt. De Amerikaanse excursies van de Stichting Hoogbouw vonden plaats in een periode dat de economie in de Verenigde Staten begon op te leven en beleggers en bedrijven weer vertrouwen kregen in de stadscentra. Daardoor werd er na een lange periode van een trek naar de suburb weer gebouwd in binnensteden en kon een nieuwe generatie wolkenkrabbers tot ontwikkeling komen, waarvan het eerste postmoderne bouwwerk

(American) postmodernism, the United States was once again playing a leading role. Furthermore, for the first time American architects became an intellectual beacon for their Dutch colleagues, a status that SOM, Eero Saarinen and all the other architects admired for their pragmatism and daring had never enjoyed. Now a new type of American had appeared on the scene: the thinker. And it is this type who has since determined the course of the architectural debate.

The main feature of this course has been a general intellectualization of architecture. The increasing importance attached to theoretical foundations and to content is typical of the postmodern era. At the time it was seen as a logical reaction to the preceding period of largely unreflective construction. This, for example, was how Charles Jencks saw it in *The Language of Post-Modern Architecture*, a widely read book (including in the Netherlands) first published in 1977. Even though the book is light-hearted rather than serious it was nonetheless an important source of information about the intellectual architecture that was gaining ground in the US. Dutch architects noted with interest the postmodern architecture of Venturi and Moore but there was no rush to imitate it. The work and ideas of Stanley Tigerman struck a chord with one or two people such as Hans Tupker, and Venturi and Moore formed an important point of reference for someone like Sjoerd Soeters, but on balance the decorative, symbolic and historicizing tendencies in American postmodernism have had little direct influence in the Netherlands, certainly less than the European postmodernism of Aldo Rossi, Mario Botta, James Stirling or O.M. Ungers.

American architects' unabashed deployment of historicizing forms and decorations drawn from all corners of the world and all historical periods, and their predilection for façade architecture, evoked opposition rather than enthusiasm in the Netherlands. Although American architecture was no longer subjected to the aesthetic-moralistic critique so typical of the 1950s and 1960s – there was no mention of bad taste in the 1980s – American architecture continued to be criticized for alleged inappropriateness. The arguments advanced now were that historical motifs were out of place and decorations superfluous.

The American architects who attracted the most interest were the New York Five. Two of them, Peter Eisenman and John Hejduk, were the focus of an exhibition mounted by the Nederlands Documentatiecentrum voor de Bouwkunst (Netherlands Documentation Centre for Architecture) in 1980. The exhibition catalogue took the form of a special issue of *Wonen TA/BK* largely written by Hans van Dijk.[44] Tupker, a man with many contacts in the US, had played an important role in the realization of this exhibition. Hejduk and Eisenman built up a solid reputation as architectural intellectuals but the most public approval was reserved for a member of the New York Five who made a considerably less

van Philip Johnson voor AT&T in New York de bekendste is.[42]

De 'bekering' van Johnson tot het postmodernisme werd alom gezien als een bewijs van de definitieve doorbraak van deze stroming, net zoals een decennium later zijn betrokkenheid bij de tentoonstelling 'Deconstructivist Architecture' in het Museum of Modern Art in New York en zijn successievelijke ommezwaai in deconstructivistische richting het moment markeerden waarop deze stijl *salonfähig* was geworden.[43]

Niet alleen vanwege de wolkenkrabbers stonden de VS vanaf het einde van de jaren zeventig weer in de Nederlandse belangstelling. Met de New York Five, Robert Venturi en Charles Moore als belangrijke vertegenwoordigers van het (Amerikaanse) postmodernisme hadden de Verenigde Staten opnieuw een toonaangevende rol gekregen, en bovendien werden Amerikaanse architecten nu voor het eerst ook in intellectueel opzicht een baken voor Nederlandse vakgenoten. Die positie hadden SOM en Eero Saarinen en al die andere om hun pragmatiek en durf bewonderde architecten vroeger nooit gehad. Nu had een nieuw type Amerikaans architect zijn intrede gedaan: de denker. Het is dit type geweest dat sindsdien de koers heeft bepaald van de discussies die in de architectuur gevoerd zijn.

Hoofdlijn van deze koers was een algemene intellectualisering van de architectuur. Dat er een toenemende belang werd gehecht aan een theoretische onderbouwing en aan inhoud is karakteristiek voor het postmoderne tijdperk. Het werd toen gezien als een logische reactie op de daaraan voorafgaande periode waarin gebouwd werd zonder veel bespiegelingen. Zo is het bijvoorbeeld verwoord door Charles Jencks in zijn ook in Nederland veelgelezen boek *The Language of Post-Modern Architecture*, waarvan in 1977 de eerste editie verscheen. Al is dat boek eerder kluchtig dan serieus, toch vormde het een belangrijke bron van informatie over de intellectuele architectuur die in de VS opgang maakte. Van de postmoderne architectuur

---

intellectual impression: Richard Meier. One indication of the immense popularity of his glamour modernism are the sales figures for his monograph, published by Rizzoli in New York in 1984. The 2,500 copies sold in the Netherlands was an exceptionally high number for a foreign architectural book.[45] Apart from a lot of books, Meier also succeeded in selling two designs to the Netherlands: the Hague City Hall complex and an office for KNP BT in Hilversum. Despite or perhaps because of his enormous reputation, he has not acquired any following in the Netherlands.

Given Dutch architects' close ties with the modern tradition, it is hardly surprising that they should have been more interested in American reinterpretations of modern architecture than in frivolous postmodern applications. The light-hearted modernist idiom of Arquitectonica, taken up and promoted by Jurriaan van Stigt and Marianne Loof in 1988, was just about as much as people in the Netherlands were prepared to take. And even so, when it came to followers, Arquitectonica did not fare any better than Meier.[46]

If American architecture in the 1980s was determined largely by what was being invented, designed, built and written by architects on the East Coast, this started to change around 1990. Both in the US itself and in the Netherlands, other 'Americas' were discovered. The America of explosive urban development such as Atlanta, put forward by Rem Koolhaas as an apparently amorphous alternative to meticulously planned Dutch cities[47]; the America of unbridled suburbanization such as southern California, nowadays much-used reference material for the urbanization of the Randstad[48]; and the America of commerce, as manifested in Las Vegas and Disney World.

The publicity accorded to Disney – mainly by Americans incidentally – is not restricted to the many commissions the corporation has handed out to such leading architects as Robert Stern, Michael Graves, Arata Isozaki and Frank Gehry. It is remarkable how often Disney is the subject and starting point of wide-ranging reflections, where it features variously as the most American institution in America, as the high point of capitalist consumer society or as a substitute for real life.[49] European interest in Disney gathered strength with the opening of EuroDisney in Paris. In France certainly, but even in the Netherlands, it was the occasion for a certain amount of cultural pessimism.

EuroDisney Paris is no more than a symptom of America's steady advance during the last ten years. In the vanguard of this advance was McDonald's which, together with other chains like Burger King, Kentucky Fried Chicken and Domino's Pizza, captured a large slice of the fast food market. After a hesitant start in the 1970s, McDonald's, the uncrowned king of fast food, managed to win over the Dutch consumer at its second attempt in the 1980s. McDonald's was also the first to succeed in getting the drive-in

van Venturi en Moore werd met belangstelling kennis genomen, maar veel weerklank zou dat werk hier niet vinden. Bij een enkeling – zoals Hans Tupker – sloegen werk en ideeën van Stanley Tigerman aan, Venturi en Moore vormden voor iemand als Sjoerd Soeters een belangrijke referentie, maar per saldo hebben de decoratieve, symbolische en historiserende tendensen in het Amerikaanse postmodernisme niet veel directe invloed gehad in Nederland en in ieder geval minder dan het Europese postmodernisme – van Aldo Rossi, Mario Botta, James Stirling of O.M. Ungers.

Het ongegeneerde gebruik door Amerikaanse ontwerpers van historiserende vormen en decoraties uit alle windrichtingen en uit alle tijden en de toepassing van façadearchitectuur riepen in Nederland eerder weerstand op dan enthousiasme. Anders dan in de jaren vijftig en zestig werd in de jaren tachtig echter geen esthetisch-moralistische kritiek meer geleverd op Amerikaanse architectuur. Maar ook al werd er niet meer gesproken over smakeloosheid of wansmaak, nog altijd werd de Amerikaanse architectuur bekritiseerd vanwege een vermeende ongepastheid. Nu werden als argumenten aangevoerd dat historische motieven niet van deze tijd zouden zijn en decoraties overbodige toevoegingen.

De grootste belangstelling voor Amerikaanse architecten ging uit naar de New York Five. Twee van hen, Peter Eisenman en John Hejduk, kregen in 1980 in het Nederlands Documentatiecentrum voor de Bouwkunst een tentoonstelling, waarbij als catalogus een grotendeels door Hans van Dijk geschreven nummer van *Wonen TA/BK* verscheen.[44] Tupker, een man met veel contacten in de VS, had in de totstandkoming van deze expositie een belangrijk aandeel gehad.

Op intellectueel gebied kregen Hejduk en Eisenman een grote naam, maar de meeste publieke bijval was weggelegd voor een New York Fiver die zich aanmerkelijk minder intellec-

Richard Meier, stadhuis *city hall*, Den Haag (1996)

Manhattan en Los Angeles

De Verenigde Staten hebben twee typische vormen van stedenbouw voortgebracht. Het oudste en bekendste type is de compacte stad van wolkenkrabbers, geordend in het gelid van een rechthoekig raster. Van dit model is Manhattan het beroemdste voorbeeld. Sinds het midden van de eeuw is zich een tweede model gaan opdringen in het collectieve geheugen van Nederlandse ontwerpers, de suburbane stad, die bestaat uit een eindeloze huizenzee. Los Angeles is de typische uiting van deze vorm van verstedelijking. In de Nederlandse discussies over de ontwikkeling van de grote steden, de Randstad en het Groene Hart en de Vinex-woningbouwlocaties fungeren Manhattan en Los Angeles als twee uitersten die regelmatig opduiken in de gevleugelde Rotterdamse woorden 'Manhattan aan de Maas', het ontwerp van Willem Jan Neutelings voor een tapijtmetropool tussen Den Haag en Rotterdam, Sjoerd Soeters' concept van een uitgestrekt suburbia en de gedachteoefening van OMA in het kader van de manifestatie AIR-Alexanderpolder om te zien wat er zou gebeuren als Nederland ten zuiden van de grote rivieren in de dichtheid van Manhattan danwel Los Angeles zou zijn gebouwd.

New York

Los Angeles

Manhattan and Los Angeles

The United States has produced two distinctive types of urban development. The oldest and best-known is the compact city of skyscrapers, neatly arranged in an orthogonal grid. Manhattan is the most famous example of this urban model. Since the middle of the century, a second model has started to impinge on the collective consciousness of Dutch planners, namely the suburban city which consists of an endless sea of houses and of which Los Angeles is a typical manifestation. These two extremes, Manhattan and Los Angeles, feature regularly in Dutch debates about the development of the big cities, of the Randstad and the Green Heart and of government-designated housing locations (VINEX), cropping up in the memorable phrase 'Manhattan on the Maas' (Rotterdam), in Willem Jan Neutelings's design for a patchwork metropolis between The Hague and Rotterdam, in Sjoerd Soeters's concept of a vast suburbia and in OMA's imaginative exercise for the AIR-Alexander Polder manifestation in which it projected developments in densities of either Manhattan or Los Angeles proportions onto the map of the southern Netherlands.

SOM, Rowe's Wharf, Boston (1987)

Waterfronten

Vanaf het midden van de jaren tachtig ontstond in Nederland belangstelling voor een nieuw Amerikaans verschijnsel, het waterfront. Waterfront is de benaming voor een tot leven gebracht havengebied of rivieroever. Omvangrijke waterfronten werden in de VS ontwikkeld in onder andere New York (Battery Park), Boston, Baltimore en Seattle. Deze steden werden een geliefd reisdoel voor stedenbouwkundig ontwerpers, ambtenaren en wethouders die in Nederland iets vergelijkbaars hoopten te realiseren. Amerikaanse voorbeelden dienden als inspiratiebron en vergelijkingsmateriaal voor de Kop van Zuid in Rotterdam, het (gestrande) IJ-oeverproject in Amsterdam, maar ook voor de beoogde ontwikkeling van de noordoever van het IJ door deelgemeente Amsterdam-Noord.

Waterfronts

In the mid-1980s Dutch architects and planners started to become interested in a new American phenomenon, the waterfront. 'Waterfront' is the name given to a rejuvenated docks area or river bank. In the US substantial waterfronts were developed in New York (Battery Park), Boston, Baltimore and Seattle. These cities became popular destinations for city planners, officials and aldermen hoping to realize something similar in the Netherlands. American examples served as a source of inspiration and comparison for Kop van Zuid in Rotterdam, the (abortive) IJ-shore project in Amsterdam, and also for the development on the northern shore of the IJ contemplated by the borough of Amsterdam-North.

tueel manifesteerde: Richard Meier. De furore die zijn glamourmodernisme maakte, kan bijvoorbeeld worden afgelezen aan de verkoopcijfers van zijn door Rizzoli in New York uitgegeven monografie uit 1984, die in Nederland de voor buitenlandse architectuurboeken uitzonderlijk hoge oplage haalde van 2500 exemplaren.[45] Behalve veel boeken wist Meier ook twee bouwwerken aan Nederland te verkopen: het Haagse stadhuiscomplex en een kantoor in Hilversum voor KNP BT. Ondanks of juist door zijn grote bekendheid heeft hij geen school gemaakt in Nederland.

Dat in Nederland meer belangstelling bestond voor de Amerikaanse herinterpretaties van moderne architectuur dan voor frivole postmoderne applicaties is niet verwonderlijk, gezien de nauwe verbondenheid van de Nederlandse architect met de moderne traditie. Het luchtige modernistische idioom van Arquitectonica, dat in 1988 in Jurriaan van Stigt en Marianne Loof Nederlandse pleitbezorgers vond, was ongeveer het maximum dat in Nederland werd verdragen. Overigens geldt net als voor Meier dat navolging van Arquitectonica is uitgebleven.[46]

Werd het beeld van de Amerikaanse architectuur in de jaren tachtig voornamelijk bepaald door wat er door architecten aan de Oostkust werd bedacht, ontworpen, gebouwd en geschreven, rond 1990 kwam daar verandering in. Zowel in de VS zelf als in Nederland zijn andere 'Amerika's' ontdekt. Het Amerika van de explosieve stedelijke ontwikkeling zoals in Atlanta, door Rem Koolhaas naar voren geschoven als ogenschijnlijk vormeloos alternatief voor de secuur geplande Nederlandse stad[47]; het Amerika van de ongebreidelde suburbanisatie zoals in Zuid-Californië, tegenwoordig veelgebruikt vergelijkingsmateriaal voor de verstedelijking van de Randstad[48] en het Amerika van de commercie zoals die zich in Las Vegas en de wereld van Disney manifesteert.

McDonald's, Hengelo

SOM & LIAG, uitbreiding kantoorgebouw Shell
office building extension, Den Haag (1986)

concept accepted. Now there are numerous McDrive's scattered throughout the Netherlands, along Dutch motorways and tucked into slip-road bends. The architectural repertoire of these restaurants is every bit as standardized as the menu: always the same tall mast topped by a yellow M and always the same cheap-looking hut-like structure that bears no resemblance to the corporate architecture with which McDonald's started out in America: an elegant, largely glazed pavilion clasped between two golden arches.

The hamburger restaurants belonging to McDonald's and other chains were the quartermasters of a new American invasion. Starting in the second half of the 1980s, American architects received a lot of commissions in the Netherlands. These commissions were not simply a reaction to any furore created by the US. They were also evidence of a strongly internationalized architectural market in which it was becoming increasingly normal to invite famous foreign architects to submit a design. Americans, though, have had the lion's share of such commissions in the Netherlands. This is in part due to the fact that in some business circles there was and is a traditional preference for American wares. Large companies and institutions are evidently happy to put their trust in the American reliability of firms like SOM – together with LIAG responsible for the extension to the Shell Building in The Hague (1981-1985) – Kalmann, McKinnell & Wood – the winners of a

84

Pei Cobb Freed, kantoorgebouw ABN-Amro *office building*, Amsterdam (1995-1999)

De publicitaire aandacht voor Disney – voornamelijk van Amerikanen overigens – is niet alleen gericht op de vele opdrachten die zijn verstrekt aan vooraanstaande architecten als Robert Stern, Michael Graves, Arata Isozaki en Frank Gehry. Disney is ook opvallend vaak onderwerp en vertrekpunt van brede beschouwingen en fungeert daarin beurtelings als het meest Amerikaanse van Amerika, als toppunt van de kapitalistische consumptiemaatschappij of als *Ersatz* van het echte leven.[49] De Europese interesse voor Disney nam toe op het moment dat EuroDisney bij Parijs geopend werd. Zeker in Frankrijk, maar zelfs in Nederland was deze gebeurtenis aanleiding voor enig cultuurpessimisme.

EuroDisney is niet meer dan een verschijnsel van de opmars van Amerika gedurende de laatste tien jaar. Deze opmars werd aangevoerd door de stoottroepen van McDonald's, die samen met andere ketens als Burger King, Kentucky Fried Chicken en Domino's Pizza een groot aandeel in de fastfood kreeg. Na een aarzelend begin in de jaren zeventig, zouden in de jaren tachtig de Nederlanders in tweede instantie alsnog zwichten voor McDonald's, de primus inter pares van de fastfood. McDonald's slaagde er ook als eerste in om het drive-in principe geaccepteerd te krijgen. Overal in Nederland liggen nu McDrive's langs de weg en in de oksels van op- en afritten. Het architectonische repertoire van deze restaurants is even gestandaardiseerd als de menukaart: altijd dezelfde hoge mast met een gele M en altijd hetzelfde goedkoop ogende hutachtige bouwsel, dat in niets herinnert aan de *corporate* architectuur waarmee McDonald's ooit in Amerika begonnen was: een elegant grotendeels glazen paviljoen dat is ingeklemd tussen twee gouden bogen.

De hamburgerrestaurants van McDonald's en andere ketens vormden de kwartiermakers van een nieuwe Amerikaanse invasie. Vanaf de tweede helft van de jaren tachtig kregen Amerikaanse architecten veel opdrachten in Nederland. Deze opdrachten hangen niet alleen

limited competition for the Organization for the Prohibition of Chemical Weapons in The Hague (1994) – and Pei Cobb Freed & Partners, likewise winners of a limited competition, for the ABN-Amro headquarters in Amsterdam (design 1993).

SOM (again in collaboration with the Hague firm LIAG) also signed up for what was supposed to be the tallest building in the Netherlands, the 210-metre Larmag Tower in Amsterdam-Sloterdijk, named for the Swedish project developer Lars Magnusson. Although the Council of State, after years of legal proceedings, has finally given it the go-ahead, conditions on the Amsterdam property market have changed so much in the meantime that it is highly unlikely that this skyscraper will ever be built. SOM's latest Dutch project (it also competed to build the ABN-Amro headquarters) is an office block next to the Amsterdam Hilton. Another large practice active in the Netherlands is Kohn Pedersen Fox whose Provinciehuis is currently under construction in The Hague.

The category of established American names now includes that of Richard Meier and of his former fellow-New York Fiver, Michael Graves, now a leading postmodernist. He designed the tower for the Ministry of Education and Science in the nearby Resident development which also contains work by another (Argentine-born) American, Cesar Pelli. Of the other three members of the New York Five, only Charles Gwathmey has never been invited to build in the Netherlands. Peter Eisenman designed a video pavilion, since

SOM & LIAG, wolkenkrabber *skyscraper*, Amsterdam (1991)

samen met een furore die de VS maakten, maar ook met een opvallende internationalisering van de architectuur, waarbij het steeds gewoner werd een beroemde buitenlandse architect om een ontwerp te vragen.

Van alle buitenlanders zijn Amerikanen echter veruit het rijkst vertegenwoordigd in Nederland. Daarnaast bestond en bestaat in sommige kringen van het bedrijfsleven traditioneel een voorkeur voor Amerikaanse waar. Grote bedrijven en instellingen vertrouwen kennelijk graag op Amerikaanse degelijkheid van bureaus als SOM – dat samen met LIAG verantwoordelijk was voor de uitbreiding van het hoofdkantoor van Shell in Den Haag (1981-1985) –, Kalmann, McKinnell & Wood – dat na een meervoudige opdracht werd gekozen voor het Internationale Bureau voor de Bestrijding van Chemische Wapens (Organization for the Prohibition of Chemical Weapons) in Den Haag (1994) – en Pei Cobb Freed & Partners dat eveneens na een meervoudige opdracht gevraagd werd voor het hoofdkantoor van ABN-Amro in Amsterdam (ontwerp 1993).

SOM tekende (opnieuw samen met het Haagse bureau LIAG) ook voor wat het hoogste gebouw van Nederland had moeten worden, de Larmag-toren van 210 meter in Amsterdam-Sloterdijk, waarvan de naam verwijst naar de Zweedse projectontwikkelaar Lars Magnusson. Hoewel na jarenlange procedures de Raad van State in 1996 uiteindelijk toestemming heeft gegeven voor de bouw van deze toren, is door de veranderde omstandigheden op de Amsterdamse vastgoedmarkt de kans klein dat deze wolkenkrabber er nog zal komen. Het recentste Nederlandse werk van SOM – dat ook meedong naar de opdracht voor het hoofdkantoor van ABN-Amro – is een kantoor naast het Amsterdamse Hilton hotel. Een ander groot bureau dat in Nederland actief is, is Kohn Pedersen Fox waarvan in Den Haag het nieuwe Provinciehuis in aanbouw is.

Steven Holl, woonhuis *house*, Den Haag (1992)

Michael Graves & Sjoerd Soeters, Ministerie van Volksgezondheid, Welzijn en Sport *Ministry of Health, Welfare and Sport* (l); Cesar Pelli, kantoorgebouw *office building* (r), Den Haag (1990-1997)

demolished, for the 'What a Wonderful World' manifestation in Groningen. The structures erected for this city centre event were designed by five of the seven international architects whose work had just prior to this been on show in the New York exhibition 'Deconstructivist Architecture'. Moreover, for some time now there have been moves afoot in Groningen to build one of the sinister Wall Houses (the Bye House) that John Hejduk worked on in the 1970s and 1980s.

True, after some little commotion, Venturi Scott Brown's design for the extension of the Stedelijk Museum was scrapped; Helmut Jahn's plan for the Oostelijke Handelskade in Amsterdam has likewise been discarded. These hiccups must, however, be set against the large number of executed designs which include a store in Amsterdam and headquarters in Voorschoten, both for Mexx, by Robert Stern, the Generale Bank in Rotterdam by Helmut Jahn, the underground shopping arcade at Rotterdam by The Jerde Group and houses along Dedemsvaartweg in The Hague by Frank Israel, Mark Mack, Andrew McNair and Steven Holl, who also designed housing for Borneo & Sporenburg in Amsterdam. And last but not least, twelve houses in Rotterdam, designed by Philip Johnson.

In recent years a variety of phenomena long familiar in the US have been appearing in the Netherlands. Many of them are already so universal that they are scarcely seen as being specifically American. Indeed, they are more likely to be regarded as inevitable

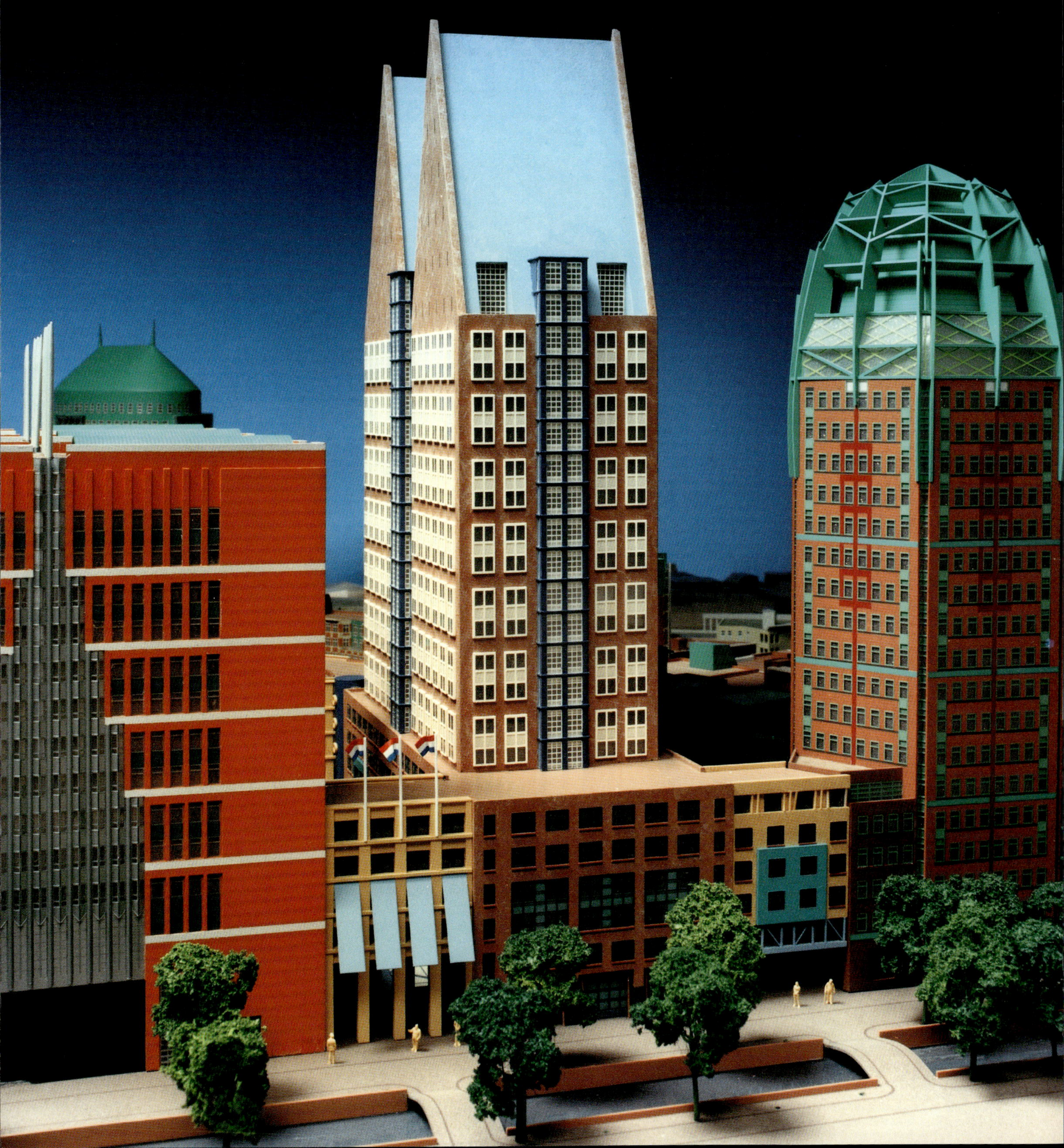

Peter Eisenman, videopaviljoen *video pavilion*, Groningen (1990)

John Hejduk, Bye House (1974)

Tot de categorie gevestigde Amerikaanse namen is ook Richard Meier toegetreden. Voor zijn voormalig New York Five bentgenoot Michael Graves, inmiddels vooraanstaand postmodernist, geldt hetzelfde. Hij tekende voor het ontwerp van de toren van het Ministerie van OCW in het nabijgelegen De Resident, waar ook een andere Amerikaan (van Argentijnse afkomst) Cesar Pelli heeft gebouwd. Van de andere drie leden van de New York Five is alleen Charles Gwathmey nooit gevraagd om in Nederland te bouwen. Peter Eisenman heeft in Groningen ter gelegenheid van de manifestatie 'What a wonderful world' een inmiddels gesloopt videopaviljoen ontworpen. De bouwwerken die voor deze manifestatie in de binnenstad waren gebouwd, zijn ontworpen door vijf van de zeven architecten van diverse nationaliteiten die kort daarvoor in New York hun werk geëxposeerd hadden op de tentoonstelling 'Deconstructivist Architecture'. In Groningen worden bovendien al langere tijd pogingen ondernomen om een van de onheilspellende Wall Houses waarmee John Hejduk zich in de jaren zeventig en tachtig bezig hield, het Bye House, gerealiseerd te krijgen.

Van Venturi Scott Brown is na enig tumult het ontwerp voor de uitbreiding van het Stedelijk Museum in Amsterdam afgevoerd. Ook het plan van Helmut Jahn voor de Oostelijke Handelskade in Amsterdam is van tafel verdwenen. Daar staan echter heel wat uitgevoerde werken tegenover, zoals een winkel in Amsterdam en het hoofdkantoor in Voorschoten voor Mexx van Robert Stern, de Generale Bank in Rotterdam van Helmut Jahn, de ondergrondse winkelpassage van het Rotterdamse Beursplein van The Jerde Group en woningen aan de Haagse Dedemsvaartweg van Frank Israel, Mark Mack, Andrew McNair en Steven Holl, die ook woningbouw heeft ontworpen voor Borneo & Sporenburg in Amsterdam. Philip Johnson ten slotte is de ontwerper van twaalf woningen in Rotterdam.

Venturi Scott Brown, uitbreiding Stedelijk Museum *extension*, Amsterdam (1993)

90

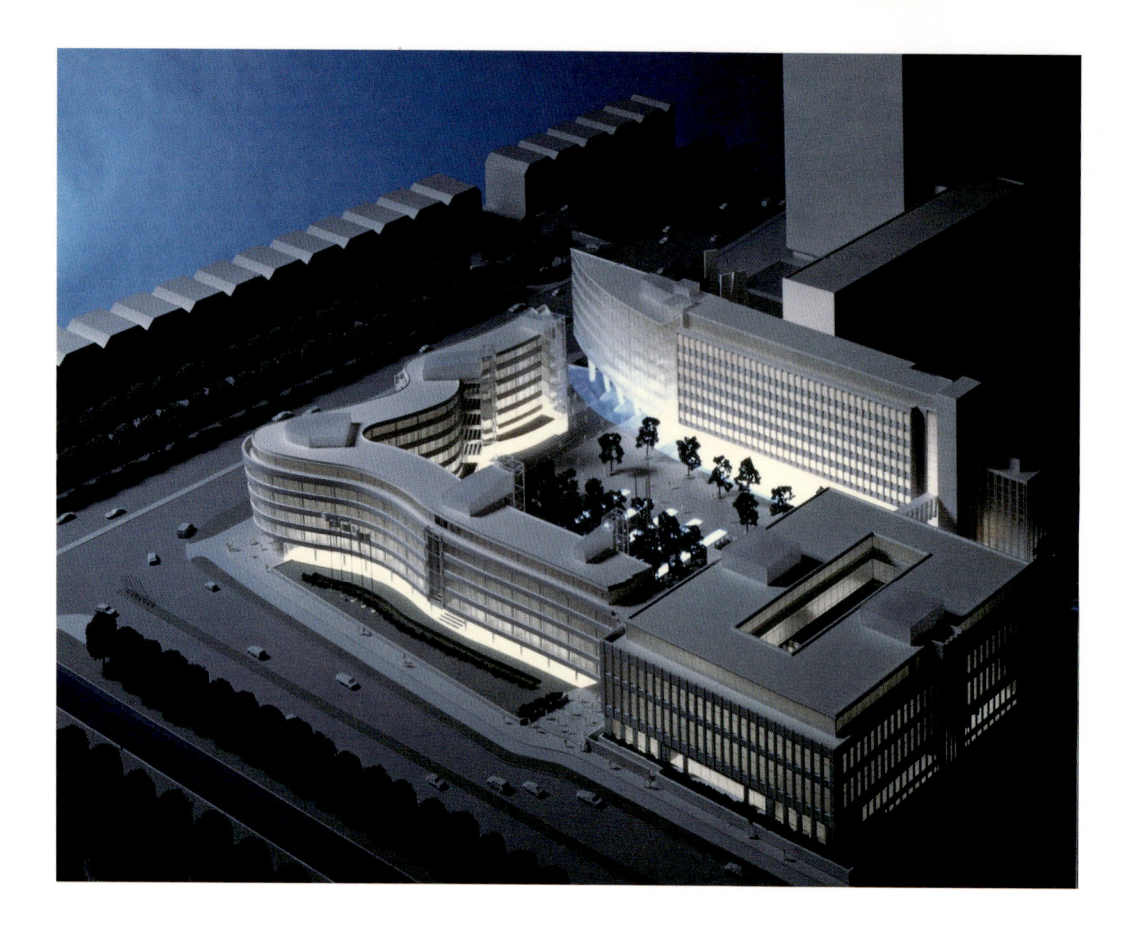

Kohn Pedersen Fox, Provinciehuis *Provincial Government Building*, Den Haag (1995-1998)

Philip Johnson, woonhuizen *houses* (artist's impression), Rotterdam (1996)

Robert Stern, kantoorgebouw Mexx *office building*, Voorschoten (1987)

Steven Holl, woningbouw *housing*, Amsterdam (1994)

Helmut Jahn, kantoorgebouw Generale Bank
office building, Rotterdam (1996)

De laatste jaren zijn in Nederland ook weer allerlei verschijnselen opgedoken die al langere tijd in de Verenigde Staten bestonden. Veel van die verschijnselen zijn inmiddels zo algemeen dat ze nauwelijks nog als specifieke amerikanismen worden gezien. Eerder worden ze beschouwd als vanzelfsprekende uitingen van een voortgaand proces van modernisering, zoals de afhankelijkheid van de auto met alle problemen die daarbij horen (en waarvoor ook Amerikaanse middelen als *diamond lane* en doseerstoplicht op de snelwegopritten worden beproefd), de opkomst van de bedrijfsparken in de buurt van snelwegen en de recente doorbraak van suburbane winkelparadijzen die in een enkel geval de gedaante aannemen van een echte *shopping mall*, zoals in Alexandrium (1996) in Rotterdam, een ontwerp van Verheijen/Verkoren/de Haan.

Dat deze verschijnselen in Nederland zijn opgedoken, zal in veel gevallen niet in een direct verband staan met wat er in de VS heeft plaatsgevonden maar het onderstreept de juistheid van het idee dat in de jaren vijftig al bestond, namelijk dat in de Verenigde Staten de toekomst van Nederland is te zien.

manifestations of an ongoing process of modernization: increasing dependence on the motor car and all the problems this entails (and for which American strategies like the diamond lane and traffic lights at motorway feeder roads are tried out); the rise of business parks close to motorways; and the recent breakthrough of the suburban shopping paradise, a few of which, like the Alexandrium (1996) in Rotterdam, designed by Verheijen/Verkoren/de Haan, look like genuine shopping malls.

Although in many cases there is no direct connection between the emergence of these phenomena in the Netherlands and developments in the US, it underscores the truth of a notion that already existed in the 1950s: that the future of the Netherlands can be seen in the United States.

The Jerde Group, Beurstraverse, Rotterdam (1996)

Verheijen, Verkoren, De Haan, Alexandrium shopping mall, Rotterdam (1996)

New York Five

In 1972 werd het werk van vijf New-Yorkse architecten Peter Eisenman, John Hejduk, Richard Meier, Michael Graves en Charles Gwathmey gelanceerd in het boek *The New York Five*. Met inleidingen van Kenneth Frampton en Colin Rowe werd het werk van vijf ontwerpers gepresenteerd die in die fase van hun ontwikkeling allemaal op de een of andere wijze schatplichtig waren aan de moderne architectuur uit het interbellum. Het bleek een monsterverbond dat niet lang stand hield. Gwathmey en Meier bleven in hun latere werk het dichtst bij de architectuur uit de New-York-Five-periode. Graves ontwikkelde zich in de jaren tachtig tot postmodern classicist, met zijn Portland Building in Portland, Oregon als bekendste resultaat. Het architectonisch oeuvre van John Hejduk, dat aanvankelijk nog kon worden gezien als een onderzoek naar nieuwe mogelijkheden van de moderne architectuur, werd vanaf de jaren zeventig een fundamentele exploratie van archetypische noties als bijvoorbeeld 'thuis-zijn'. In tekeningen, aquarellen en gebouwen heeft hij hier een vreemde en soms zelfs verontrustende, maar steeds poëtische vorm aan gegeven.

Peter Eisenman was de cerebraalst ingestelde van de vijf New-Yorkers. Zijn genummerde huizen uit de jaren zeventig, waarvan de compositie het resultaat was van een bewerkelijk proces van rotaties, verschuivingen en inversies van elementaire vormen, baseerde hij op de taaltheorieën van Noam Chomsky. Daarna heeft hij telkens nieuwe uitdagingen gevonden in complexe filosofische en wetenschappelijke standpunten, van deconstructivisme tot chaostheorie.

John Hejduk, House 9 (diamond series, project B, 1966)

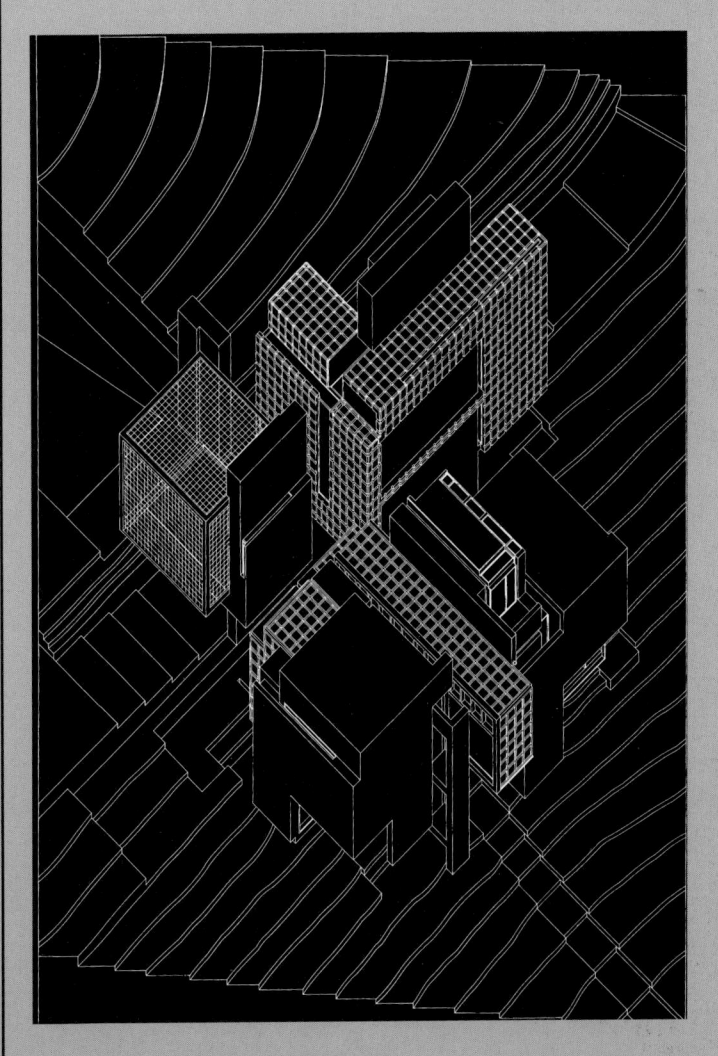

Peter Eisenman, House X (1978)

Richard Meier, woonhuis Douglas *House*, Harbour Springs, Michigan (1973)

New York Five

In 1972 the work of five New York architects – Peter Eisenman, John Hejduk, Richard Meier, Michael Graves and Charles Gwathmey – was launched in a book entitled *The New York Five*. Introduced by Kenneth Frampton and Colin Rowe, the book presented the work of five designers who were all, at this stage of their development, indebted to the modern architecture of the interwar years. It turned out to be an unnatural and therefore short-lived alliance. Gwathmey and Meier have remained closest to the architecture of the New York Five period in their later work. Graves developed into a postmodern classicist in the 1980s,
the best-known product being his Portland Building in Portland, Oregon. The architectural output of John Hejduk, which could at first be seen as an investigation of new possibilities in modern architecture, eventually evolved into a radical exploration of archetypal notions like 'being at home' which he has expressed in strange, sometimes even disturbing, but always poetic, drawings, watercolours and buildings.
Peter Eisenman was the most cerebral of the five New Yorkers. His numbered houses from the 1970s, the result of a complicated process of rotations, displacements and inversions of elementary forms, were based on the linguistic theories of Noam Chomsky. Since then he has continued to find new challenges in complex philosophical and scientific theories, from deconstructionism to chaos theory.

De laatste mode

De afgelopen vijftien jaar zijn de Verenigde Staten keer op keer een belangrijke leverancier geweest van de laatste mode op architectonisch terrein: het neomodernisme van de New York Five rond 1980, de ongecompliceerde vrolijkheid van Arquitectonica midden jaren tachtig, de informele barok van Frank Gehry eind jaren tachtig en in de jaren negentig het geserreerde werk van Steven Holl en het technoïde deconstructivisme van bijvoorbeeld Morphosis.

Arquitectonica, appartementengebouw The Imperial *condominium*, Miami (1983)

The Latest Fashion

Time and again during the last fifteen years the United States has been a major source of the latest fashion in architecture: the neomodernism of the New York Five around 1980, the uncomplicated high spirits of Arquitectonica in the mid-1980s, the informal baroque of Frank Gehry in the late 1980s and now, in the 1990s, the terse work of Steven Holl and the technoid deconstructionism of the likes of Morphosis.

Rem Koolhaas over New York en Hollywood

Rem Koolhaas on New York and Hollywood

Rem Koolhaas heeft het grootste deel van de jaren zeventig in de Verenigde Staten gewoond. Koolhaas: 'Die Amerikaanse jaren zijn doorslaggevend geweest voor mijn verdere leven. Het was een cruciale denkperiode, een adempauze voordat ik als architect begon.' Tegenwoordig geeft hij er les (aan Harvard) en is hij actief als architect. 'Mijn eerste bezoek aan de Verenigde Staten was in 1971. Ik wist dat ik het jaar daarop een Harknessbeurs zou krijgen. Voor deze tweejarige beurs moest je veelbelovend zijn en jonger dan dertig. De enige voorwaarde was dat je door Amerika zou gaan reizen. Dat heb ik dan ook gedaan. Ik ben twee keer dwars door Amerika gereden en heb alle belangrijke en onbelangrijke steden gezien. Verder mocht je doen wat je wilde, je hoefde niet te studeren, maar dat wilde ik wel. Ik ben in 1971 gaan kijken in New York, Harvard en Cornell in Ithaca en voor die laatste heb ik toen gekozen. Intuïtief wist ik dat ik niet direct naar New York moest gaan. Cornell had twee attracties: het lag buiten de stad en O.M. Ungers gaf er les. Na het jaar 1972-1973 aan Cornell ben ik via Kenneth Frampton in New York terechtgekomen bij het Institute for Architecture and Urban Studies. Daar heb ik tot 1979 gezeten. Vanaf 1976 reisde ik op en neer tussen Londen en New York.'

'Het Institute was oneerbiedig gezegd de intellectuele speeltuin van Peter Eisenman. In feite was het niet meer dan een verdieping in een wolkenkrabber met allemaal lege kamertjes. Peter en ik waren er vaak als enigen en ik heb hem daar goed leren kennen.' Koolhaas werkte daar aan Delirious New York en leefde van het voorschot voor zijn boek, van het geld dat hij verdiende met lesgeven en van de verkoop van zijn architectuurtekeningen en die van Madelon Vriesendorp. Koolhaas heeft Delirious New York; a retroactive manifesto for Manhattan geschreven omdat 'datgene wat in de architectuur het meest met de

OMA, The Story of the Pool (1977)

Rem Koolhaas spent the major part of the 1970s in the United States: 'Those American years were decisive for the rest of my life. It was a crucial time for reflection, a breathing space before I started out as architect.' Nowadays he teaches (at Harvard) and is active as an architect. 'My first visit to the United States was in 1971. I knew that I would get a Harkness scholarship the following year. For this two-year scholarship you had to be promising and under thirty. The only condition was that you had to travel all over America. And that's exactly what I did. I drove twice right across America and saw all the important and unimportant cities. For the rest you could do what you liked, you didn't have to study but I wanted to. In 1971 I took a look at New York, Harvard and Cornell in Ithaca and settled on the last. I knew intuitively that I shouldn't begin with New York. Cornell had two attractions: it was outside the city and O.M. Ungers taught there. After spending the year 1972-1973 at Cornell I ended up in New York, via Kenneth Frampton, at the Institute for Architecture

twintigste eeuw werd geassocieerd nog nooit goed was bestudeerd.' Wat hem daarbij interesseerde was de omkering in New York van Europese ontwikkelingen. 'Anders dan in Europa waar manifesten werden geschreven waarvan nauwelijks iets is uitgevoerd, werden in Amerika geen manifesten geschreven maar kwamen de realiseringen wel tot stand.'

Koolhaas vertrok naar de VS in een periode dat het bepaald niet in de mode was. 'Mensen waren geschokt en de eerste jaren kreeg ik ook post met de vraag of ik me al bij het verzet had aangesloten. Er was vanaf het begin een faseverschil. Ik was nooit marxist geweest hoewel dat het kenmerk was van mijn generatie. Ik vond de politiek in Amerika fascinerend. Een jaar voordat ik er kwam was de campus van Cornell nog bezet door studenten met stenguns; het jaar dat ik er zat speelde de Watergate-affaire.'

Dat Koolhaas na een jarenlang verblijf toch uit de VS vertrok hangt voornamelijk samen met het architectonisch klimaat. 'In de jaren zeventig werden de eerste tekenen van het postmodernisme duidelijk en iemand als Robert Stern kreeg een belangrijke stem. Wat toen speelde was het conflict tussen de Whites en de Grays.* Het Institute for Architecture and Urban Studies was door Peter Eisenman natuurlijk het hoofdkwartier van de Whites maar daarnaast was het ook het centrum van debat. Het was duidelijk dat Amerika 'gray' ging worden en daarom leek het me niet de goede plek om te blijven. Wat er in Europa gebeurde vond ik interessanter, het debat over de Europese stad en de stad in het algemeen, waarin Leon Krier naar voren kwam, leek mij belangrijker om aan deel te nemen.'

'*Delirious New York* heb ik trouwens veel meer geschreven voor Europa dan voor Amerika, in zoverre je dat als auteur tenminste in de hand hebt. In essentie is het bedoeld om een polemiek te voeren in Europa.'
En hoe Amerikaans het ontwerp van het boek ook is, de methode die er aan ten grondslag ligt, is Europees. Dat Europese karakter werd versterkt door de U-bocht via Cornell, waar Koolhaas 'het brein heeft verkend', van de Duitser O.M. Ungers en bevriend raakte met de Fransman Hubert Damisch, die op zijn beurt weer bevriend was met Michel Foucault die dat jaar ook in Ithaca zat.

Als onderbreking van zijn langdurige verblijf aan de Oostkust woonde Koolhaas van mei tot oktober 1973 in Los Angeles waar hij samen met René Daalder werkte aan een filmscript voor Russ Meier, geïnspireerd door het besef van de macht van de Arabische wereld, dat tijdens

and Urban Studies. I stayed there until 1979. From 1976 onwards I travelled to and fro between London and New York.' 'The Institute, to be perfectly honest, was Peter Eisenman's intellectual playground. Actually it was no more than one floor of a skyscraper with a lot of empty rooms. Often Peter and I were the only ones around and I got to know him very well there.' Koolhaas was working on Delirious New York, living on the advance for his book, on money earned from teaching and from the sale of his architectural drawings and those of Madelon Vriesendorp. Koolhaas wrote Delirious New York: a retroactive manifesto for Manhattan because 'the architecture that was most associated with the twentieth century had never been properly studied.' What interested him particularly was the way European trends were turned on their head in New York. 'Unlike in Europe, where manifestos were written but very little of it got put into practice, in America no manifestos were written but things did get built.'

Koolhaas went to the US at a time when this was far from fashionable. 'People were shocked and in the early years I got

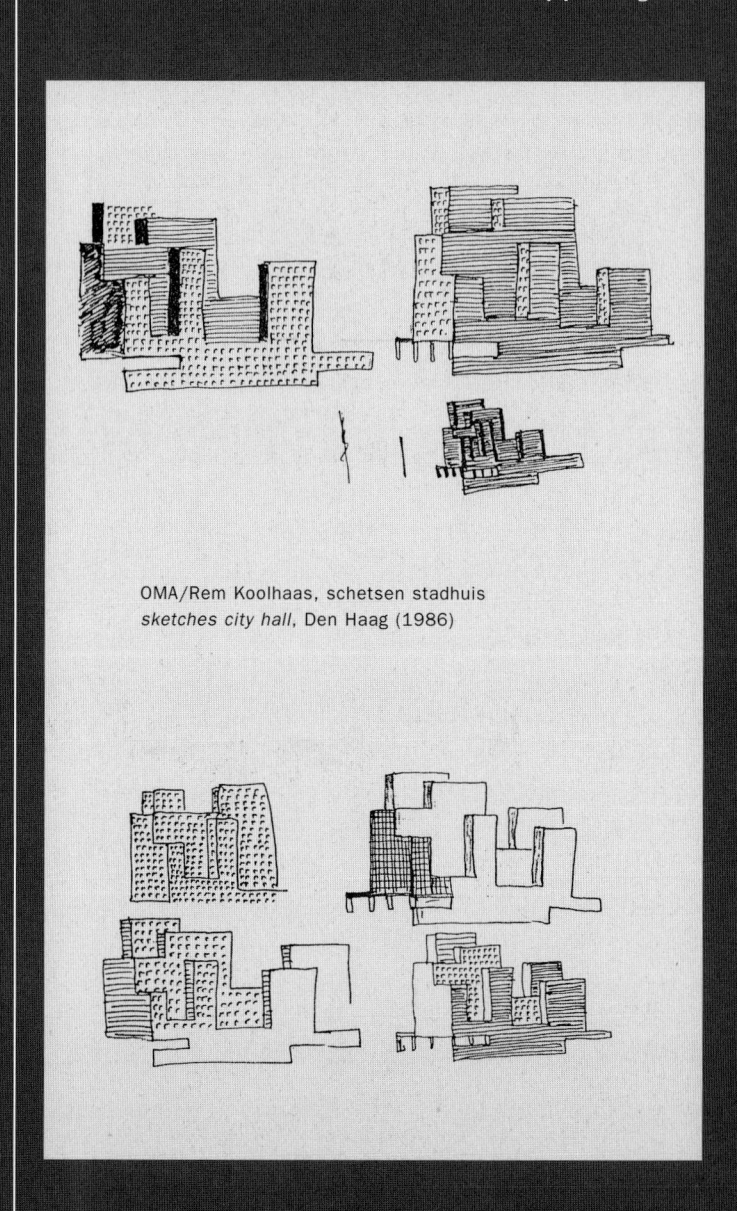

OMA/Rem Koolhaas, schetsen stadhuis
sketches city hall, Den Haag (1986)

de oliecrisis ontstond. In het script werd het geheugen van de Amerikaanse filmindustrie opgekocht door Arabieren die alle acteurs brodeloos maakten door met *computer animation* alleen nog maar films te maken met oude sterren.

Ruim twintig jaar later is Koolhaas terug in Los Angeles, als architect. In 1996 heeft het Office for Metropolitan Architecture de opdracht gekregen voor een hoofdkwartier van Universal en voor het masterplan van het productie- en entertainmentcomplex van Universal in de heuvels van Hollywood, dat de verdubbeling inhoudt van het huidige programma. Bouwheer is Edgar Bronfman jr., C.E.O. van Seagram en MCA, dat sinds kort de eigenaar is. Hij is de kleinzoon van de man die in de jaren vijftig Mies van der Rohe opdracht gaf voor het Seagram Building in New York. 'Edgar Bronfman is iemand die architectuur serieus neemt. Wat wij voor MCA ontwerpen is ook serieus, heel iets anders dan wat voor Disney wordt gebouwd.' Inmiddels is het eerste Amerikaanse werk van OMA in New York gerealiseerd: de verbouwing van de Lehmann Maupin Gallery. 'En we zijn nu bezig met een klein theater op 43rd Street en 8th Avenue. Ik hou van kleine opdrachten, als vingeroefeningen. Dat gaat in tegen de mythe van onze grootheidswaan, maar het zijn voor ons belangrijke gelegenheden om te experimenteren.'

Daarnaast is Koolhaas sinds twee jaar vast als professor verbonden aan Harvard. 'Ik heb ja gezegd onder voorwaarde dat ik geen ontwerponderwijs zou geven, alleen research zou doen.' Dat onderzoek is samengebald in het 'Harvard Project on the City' waarbij de kennis en ervaring wordt benut van de Harvard-studenten die werkelijk uit alle delen van de wereld komen. 'Ieder jaar wordt een onderwerp centraal gesteld. Het eerste jaar was dat de Aziatische stad en het rijke modernisme. In de toekomst zal studie worden verricht naar de conditie van de stad in Afrika en het arme modernisme. Nu wordt er gewerkt aan een studie over *shopping*, de laatste menselijke activiteit. We zijn daarbij geïnteresseerd in zowel de mechanismes als de ruimte van *shopping*, waar bijvoorbeeld de naadloze overgangen al lang en breed voorkomen die nu in het architectuurdebat spelen.' De mondiale aanpak van het 'Harvard Project on the City' en Koolhaas' habitus van *frequent flyer* stellen hem in staat een antwoord te geven op de vraag in hoeverre de huidige globalisering gezien kan worden als amerikanisering: 'Ik denk dat het niet zozeer gaat om de invloed van Amerika, maar om de abstractere invloed van moderniseringen. En het zijn de opeenvolgende momenten van economische bloei die de moderniteit definiëren. In de zeventiende eeuw, onze

letters asking me whether I had joined the resistance yet. I was out of step from the very beginning. I had never been a Marxist like so many of my generation. I was fascinated by American politics. A year before I arrived the Cornell campus had been occupied by students with sten guns; the year I was there, the Watergate affair was playing.'

Koolhaas's decision to leave the US after having lived there for so long was mainly connected with the architectural climate. 'In the 1970s the first signs of postmodernism appeared and people like Robert Stern started to become influential. In essence it was a conflict between the Whites and the Grays.* Because of Peter Eisenman, the Institute for Urban Studies was of course the headquarters of the Whites but it was also the centre of debate. It was obvious that America was going to go 'gray' and so it didn't seem to me like a good place to stay. I was more interested in what was going on in Europe, and it seemed to me to be more important to take part in the debate about the European city and the city in general, where Leon Krier was coming to the fore.'

'As a matter of fact, I wrote *Delirious New York* much more for Europe than for America, to the extent that you are able to control that as writer. Essentially it was intended to stir up a debate in Europe.'
And however American the subject of the book may be, the underlying method is European. This European character was reinforced by the detour via Cornell, where Koolhaas 'tapped the brain' of the German O.M. Ungers and became friends with the Frenchman Hubert Damisch, who in turn was friendly with Michel Foucault who was also at Ithaca that year.
Koolhaas interrupted his long stay on the East Coast to spend May to October 1973 in Los Angeles, where he collaborated with René Daalder on a film script for Russ Meier. It was inspired by the new consciousness of Arab might brought on by the oil crisis. In the script the American film industry's 'memory' is bought up by Arabs who put living actors out of work by using computer animations to make films with the old stars.

Now, over twenty years later, Koolhaas is back in Los Angeles, this time as architect. In 1996 the Office for Metropolitan Architecture won the commission to design the Universal headquarters and to draw up a master plan for Universal's production and entertainment complex in the Hollywood hills in what is a doubling of the present programme. The client is Edgar Bronfman jr., C.E.O. of Seagram and of MCA, the new owner of Universal. He is the grandson of the man who, in the 1950s, engaged Mies van der Rohe to build the Seagram Building in New York. 'Edgar Bronfman is someone who takes architecture seriously. What we are designing for MCA is serious too, quite different from what is being built for Disney.'

Gouden Eeuw, had moderniteit een Hollands gezicht. Na de Tweede Wereldoorlog heeft het gezicht heel lang Amerikaans geleken en nu wordt de moderniteit door Azië als Aziatisch gedefinieerd.'

*Whites: New York Five; Grays: postmodernisten als Charles Moore, Robert Venturi en Robert Stern.

In the meantime OMA has completed its first American project in New York: the conversion of the Lehmann Maupin Gallery. 'And now we're busy with a small theatre on 43rd Street and 8th Avenue. I like small commissions, as finger exercises. That runs counter to the myth of our megalomania but small jobs give us an important opportunity to experiment.'

Two years ago, Koolhaas was made a professor at Harvard. 'I agreed on condition that I wouldn't have to give any lessons in design, just do research.' This research is concentrated in the 'Harvard Project on the City', which draws on the knowledge and experience of Harvard students who literally come from all over the world. 'Every year we focus on a single subject. The first year it was the Asian city and rich modernism. In the future we'll study the condition of the city in Africa and poor modernism. Right now we're working on a study of shopping, the last human activity. We're interested in both the mechanisms and the space involved in shopping, where, for example, the seamless transitions that are now a topic of the architectural debate have been around for a long time.' Given the global approach of the 'Harvard Project on the City' and his own 'frequent flyer' habits, Koolhaas is well placed to answer the question to what extent the current globalization can be seen as Americanization: 'I don't think it's so much a matter of American influence as of the more abstract impact of modernization. And it's the successive moments of economic prosperity that define modernity. In the seventeenth century, our Golden Age, modernity had a Dutch face. For a long time after the Second World War that face looked American and now Asia is defining modernity as Asian.'

*Whites: the New York Five; Grays: postmodernists like Charles Moore, Robert Venturi and Robert Stern.

Noten

1. Zie voor de houding van Nederlandse intellectuelen tot Amerika bijvoorbeeld Tity de Vries, *Complexe consensus; Amerikaanse en Nederlandse intellectuelen in debat over politiek en cultuur 1945-1960*, Hilversum 1996, in het bijzonder p. 248 e.v.
2. De associatie van Amerikaans met modern, die Europeanen al aan het begin van de eeuw maakten, is aan de orde gesteld door Auke van der Woud in een bijdrage aan *Americana* (Auke van der Woud, 'De Nieuwe Wereld', cat. tent. Otterlo *Americana* (24-8/26-10-1975), p. 8-27.
Het thema komt ook aan bod in Jean-Louis Cohen en Hubert Damisch (red.), *Américanisme et modernité; l'idéal américain dans l'architecture*, Parijs 1993 en Jean-Louis Cohen, *Scenes of the world to come; European architecture and the American challenge 1893-1960*, Parijs 1995: 'Americanism rhymes often with Modernity, whereas Americanization is one of the principal modalities of modernization.' (p. 15)
Tegenover dit eenduidige beeld staan de complexere visies op amerikanisering, Amerikaanse invloed en modernisering van de auteurs van *American Culture in the Netherlands: European Contributions to American Studies XXX*, Amsterdam 1996. In de inleiding schrijven de redacteuren Doeko Bosscher, Marja Roholl en Mel van Elteren: 'Americanisation and modernisation may sometimes be the same thing, but in each and every case care should be taken to distinguish one from the other.' (p. 2)
3. Ook daarvoor ging een belangrijke invloed uit van Amerikaanse voorbeelden, zoals uitvoerig aan bod is gekomen in de tentoonstelling 'Americana' in Museum Kröller-Müller, Otterlo (24-8 t/m 26-10-1975).
4. Gegevens ontleend aan H.M. Hirschfeld, 'Idee en ontstaan van het Marshallplan', *Herwonnen welvaart; de betekenis van het Marshallplan voor Nederland en de Europese samenwerking* Den Haag 1954, p. 15-23.
5. J. Tinbergen, 'De betekenis van het Marshallplan voor de Nederlandse volkshuishouding', *Herwonnen welvaart; de betekenis van het Marshallplan voor Nederland en de Europese samenwerking* Den Haag 1954, p. 24-29 (p. 28).
6. '*f* 303 millioen Marshall-hulp vrijgegeven; *f* 28 millioen voor Z.O.-Polder en hotelbouw', *Bouw* (1950) p. 188. Zie verder: 'Marshall-gelden voor de wederopbouw; *f* 240 milioen vrijgegeven', *Bouw* 1949 p. 529.
7. A.H. Ingen Housz, 'Industrie en Marshallplan', *Herwonnen welvaart; de betekenis van het Marshallplan voor Nederland en de Europese samenwerking* Den Haag 1954, p. 37-44 (p. 40-41).
8. De bouw van de vijf Nederlandse kazernes is gedocumenteerd in *1951-1953 Midden Nederland N.V.*, z.p.,z.j.
9. Hans Sakkers, Johan den Hollander, *Luchtwachttorens in Nederland; Industrieel erfgoed uit de Koude Oorlog*, Middelburg, z.j.
10. Het typoscript van 'Luchtbescherming en stedebouw' uit 1939 bevindt zich in het archief De Casseres in het NAi (CASS 348).
11. J.A.M.M. Janssen, 'Inspelen op een nieuw fenomeen. Nederland en de dreiging van een atoomoorlog' in: J. Hoffenaar, G. Teitler (red.), *De Koude Oorlog; maatschappij en krijgsmacht in de jaren vijftig*, Den Haag 1992 p. 132-146 (p. 133).
12. 'Schuilplaatsen in de onderbouw', *Bouw* 1955 p. 810-818.
13. 'De kroon op het werk', *Herwonnen welvaart; de betekenis van het Marshallplan voor Nederland en de Europese samenwerking* Den Haag 1954, p. 178-190 (p. 186-187); 'Marshall-gelden voor herstel rampschade' *Bouw* 1953 p. 342. Amerikaanse troepen hielpen bovendien met het dichten van dijkgaten: 'Amerikanen dichten dijkgaten', *Bouw* 1953 p. 121.
14. 'Studiereis naar Amerika; Gecombineerde vertegenwoordiging van werkgevers en werknemers in het bouwbedrijf', *Bouw* 1950 p. 188; 'Minister In 't Veld: "Ik heb in Amerika geen verrassende ontdekkingen gedaan"; Op het gebied van de centrale voorzieningen in de woningen hebben de Amerikanen ongetwijfeld een voorsprong op Nederland', *Bouw* 1950 p. 375-376; 'Amerikaanse impressies van Nederlandse bouwers; Uiteenzetting van ir. J.J.G. van Hoek over de resultaten der studiereis van vertegenwoordigers van werkgevers- en werknemersorganisaties', *Bouw* 1950 p. 425-426; Ide Bloem, 'Het bouwen in Amerika', *Bouwkundig Weekblad* 1950 p. 437-441; 'Bouwen in Amerika; Rapport van het "productivity-team" verschenen', *Bouw* 1951 p. 446; 'Baksteendeskundigen naar Amerika', *Bouw* 1952 p. 486; 'Boerderijbouw-deskundigen naar Amerika', *Bouw* 1952 p. 543; 'Ingenieurs naar Amerika', *Bouw* 1952 p. 651; 'Tweede productiviteitsteam naar de Ver. Staten; Studie op uitgebreider schaal', *Bouw* 1953 p. 223; F.J. Fransen, 'Productiviteitsteam II in Amerika; Een korte samenvatting der eerste ervaringen', *Bouw* 1953 p. 352-353; F.J. Fransen, 'Productiviteitsteam II in Amerika (2); Een korte samenvatting van verdere ervaringen', *Bouw* 1953 p. 389-390; F.J. Fransen, 'Productiviteitsteam II in Amerika (3); Een korte samenvatting van verdere ervaringen', *Bouw* 1953 p. 413; 'Bouwnijverheidsdag 1953; Gezamenlijk streven naar opvoering van de productiviteit; Ervaringen van het tweede bouwteam in de Verenigde Staten', *Bouw* 1953 p. 931.
15. De Nederlandse deelnemers aan deze reis publiceerden hun bevindingen in *Hotelwezen en toerisme in de Verenigde Staten van Amerika*, Den Haag (1950).
16. Een ander vroeg voorbeeld is Rein H. Fledderus die over zijn Amerikaanse reis in 1946 artikelen publiceerde in *Bouw*, waaronder: Rein H. Fledderus, 'Bouwen in de USA 1: New-York; Onwetenschappelijke analyse van een stad', *Bouw* 1947 p. 338-340.
17. T [J.A.C. Tillema], 'Amerikaanse reisindrukken', *Katholiek Bouwblad* 1948-1949 p. 61-66, p. 78-81, p. 85-91.
18. H.A. Maaskant, 'Vluchtige reisindrukken', *Bouw* 1948 p. 256-258; J.H. van den Broek, 'Nieuwe winkels en warenhuizen in Amerika', *Bouw* 1948 p. 259-260.
19. J.T.P. Bijhouwer, 'Lonen, prijzen en woonstandaard' *Bouw* 1953 p. 130-131.
20. G. Friedhoff, 'Studiereis naar de Verenigde Staten van Amerika', *Bouwkundig Weekblad* 1952 p. 183-188. In 1946 had hij zich al negatief uitgelaten naar aanleiding van een uit *Architectural Forum* overgenomen artikel in *Bouw* ('De verticale bouwtrant; De wolkenkrabber in de Amerikaansche bouwkunst', *Bouw* 1946 p. 229-233). Volgens Friedhoff waren wolkenkrabbers 'uitingen van een foutieve organisatie der samenleving die in geen enkel opzicht gepropageerd kunnen worden' ('Lezers schrijven ons: De wolkenkrabber', *Bouw* 1946 p. 406).
21. F. Hartog, 'De Nederlandse economie tussen 1945 en 1970', *Bouw* 1970 p. 695-698.
22. Jane C. Loeffler, 'The architecture of diplomacy; heyday of the United States embassy-building program, 1954-1960', *Journal of the Society of Architectural Historians* 1990 p. 251-278.
23. Zie bijvoorbeeld 'Het vervolg op Stone' *Bouw* 1960 p. 296 en 'Stalen "Stone-gevels"', *Bouw* 1963 p. 461.
24. In Amerika had Yamasaki juist meer aanzien (Judith R. Blau, *Architects and firms; a sociological perspective on architectural practice*, Cambridge (Mass.)/Londen 1987 p. 66-67). In Nederland werd er anders over zijn werk gedacht: '"Een beetje zwierigheid" II; Siergevels volgens ontwerp van de architect Yamasaki', *Bouw* 1960 p. 409; 'Een Amerikaans "Venetië"', *Bouw* 1963 p. 361; 'De hoge-bogen-mode I' en 'De hoge-bogen-mode II', *Bouw* 1964 p. 862.
25. 'Crêpes Suzettes au kitsch', *Bouw* 1962 p. 1430-1433.
26. 'Hiltonhotel te Amsterdam?' *Bouw* 1958 p. 99; 'Hotelbouw', *Bouw* 1958 p. 923. Na Hilton begaven ook andere Amerikaanse ketens zich op de Nederlandse markt. Begin 1968 werd in Leiden de eerste Europese vestiging geopend van Holiday Inn. (T. de Jong, 'Holiday Inn te Leiden' *Bouw* 1969 p. 1727-1729).
27. 'Schaal 1:1; Modellen op ware grootte, door een systeem van verstelbare wanden in het Bouwcentrum', *Bouw* 1955 p. 824-825.
28. Phil Patton, *Made in USA; the secret histories of the things that made America*, New York [etc.] 1993 p. 252-275.
29. A. Heijn, 'De ontwikkeling van de supermarkt in Nederland', *Bouw* 1968, p. 2071-2074.
30. Gegevens over het bezit van een rijbewijs en een tweede auto in de jaren vijftig en zestig heeft het CBS niet. Cijfers over het rijbewijs gaan niet verder terug dan 1978 toen een kleine veertig procent van de volwassen vrouwen een rijbewijs BE had; In 1960 had gemiddeld een op de zes huishoudens een auto, in 1970 ruim een op de twee; tegenwoordig is het gemiddelde bijna een op een.
31. Nota bene dat de drive-in woning hier buiten beschouwing wordt gelaten. In dit type woning dat in de jaren zestig furore maakte en in de jaren negentig een revival doormaakt, beperkt het inrijden zich tot het parkeren van de auto in een garage onder het huis.
32. Het verschil tussen een cafetaria en en luncheonette is dat het eerste type een uitgiftebalie en stoelen en tafeltjes heeft, terwijl in het tweede type de klanten niet aan tafeltjes zitten maar aan een lange bar annex uitgiftebalie. Voor definities van de verschillende typen: W.S. Hattrell and Partners, *Hotels Restaurants Bars*, Londen 1962 p. 32.

33. 'Wat in Amerika mogelijk is en wat wij thans nog niet kunnen bereiken, maar wel dienen na te streven', *Bouw* 1952 p. 882; 'Een technisch-volmaakte verschrikking; Amerikaanse keuken die té modern werd', *Bouw* 1952 p. 32.
34. *Nieuwe Rotterdamse Courant* 20 januari 1968. Voor de geschiedenis van het World Trade Center en de torens aan het Marconiplein: Paul Groenendijk, 'Kantoorgebouw Marconihuis/Kantoorgebouwen Europoint II, III, IV' in: Anne-Mie Devolder, Hélène Damen (red.), *Architectuur Rotterdam 1970-1995; 75 gebouwen gedocumenteerd*, Rotterdam 1995.
35. B. Eerhart, 'Less is Skidmore', *Wonen TA/BK* 1974 nr. 17 p. 2-3.
36. D. Horringa, 'Het zelfdoen; enige achtergronden, oorzaken en ontwikkelingstendensen', *Bouw* 1960 p. 606-607: 'Wij mogen aannemen dat de ontwikkeling van de vrijetijdsbesteding in Europa een zekere verwantschap zal vertonen met die in Amerika, waar in de afgelopen jaren het "zelfdoen" sterk op de voorgrond is getreden.' (p. 606); R. Zondervan, 'Het maatschappelijk verschijnsel "doe het zelf"', *Bouw* 1960 p. 607-609: 'De bakermat van "do it yourself" ligt in Amerika, de geboortedatum in de periode 1945-1950'. (p. 607)
37. Archief Architectura et Amicitia in het NAi (ARAM 173).
38. Rond 1970 werd veelvuldig over sanering en stadsvernieuwing geschreven. Zie bijvoorbeeld W. Huygens, 'De problematiek van bevolkingsconcentratie in de V.S.', *Bouw* 1967 p. 322-326, p. 628-637, p. 792-795 en p. 956-963.
39. cat. tent. Otterlo *Americana* (24-8/26-10-1975).
40. Zie bijvoorbeeld: Harm Tilman, Arie Graafland (red.), *Hoogbouw en compacte stad*, Delft 1984.
41. Het bestuur van de Stichting Hoogbouw bestond bij oprichting uit A. Boender, D. Dicke, J. Doets, R. van Engelsdorp Gastelaars, J. Mentink, G. van Otterloo, J. Rutten, J. de Vries en C. Weeber.
42. Paul Goldberger, *The skyscraper*, New York 1981; Tracy Metz, 'New York gelijkvloers; wat wolkenkrabber aan de stad teruggeven', *Wonen TA/BK* 1985 nr. 19-20 p. 12-16.
43. Deelnemers aan 'Deconstructivist Architecture' waren: Coop Himmelblau, Peter Eisenman, Frank Gehry, Zaha Hadid, Rem Koolhaas, Daniel Libeskind en Bernard Tschumi.
44. themanummer *Wonen TA/BK* 1980 p. 21-22.
45. H. van Dijk, H, van Lingen, 'Het initiatief, de handelaar en de wereld van gedachten; de levensloop van het architectuurboek', *Archis* 1988 nr. 11 p. 42-50 (p. 49).
46. Marianne Loof, Jurriaan van Stigt, 'Form follows fancy; het populaire modernisme van Arquitectonica', *Archis* 1988 nr. 4 p. 16-25.
47. Rem Koolhaas, 'Atlanta: a reading' in: Jordi Bernardó, Ramon Prat (red.), *Atlanta*, Barcelona 1995 p. 74-85.
48. Daan Bakker (et al), *Expeditie LA*, Rotterdam 1995. Zie bijvoorbeeld het voorstel van OMA voor AIR-Alexander, besproken in: Harm Tilman, 'De periferie als ontwerpopgave; zes benaderingen van de Alexanderpolder', *de Architect* 1993 nr. 11 p. 64-81 (p. 78-81).
49. Een van de neutraalste beschrijvingen van Disney is te vinden in: Beth Dunlop, *Building a dream; The art of Disney architecture*, New York 1996.

Notes

1. For the attitude of Dutch intellectuals towards America, see for example Tity de Vries, *Complexe consensus; Amerikaanse en Nederlandse intellectuelen in debat over politiek en cultuur 1945-1960*, Hilversum 1996, especially p. 248 ff.
2. The European tendency to identify American with modern, which dates back to the early twentieth century, is discussed by Auke van der Woud in a contribution to *Americana* (Auke van der Woud, 'De Nieuwe Wereld'), exh. cat. Otterlo *Americana* (24-8/26-10-1975), pp. 8-27.
The same theme is also dealt with in Jean-Louis Cohen and Hubert Damisch (eds.), *Américanisme et modernité; l'idéal américain dans l'architecture*, Paris 1993 and Jean-Louis Cohen, *Scenes of the world to come; European architecture and the American challenge 1893-1960*, Paris 1995: 'Americanism rhymes often with Modernity, whereas Americanization is one of the principal modalities of modernization.' (p. 15)
Compare this unequivocal picture with the more complex views on Americanization, American influence and modernization advanced by the authors of *American Culture in the Netherlands: European Contributions to American Studies XXX*, Amsterdam 1996. In the introduction the editors, Doeko Bosscher, Marja Roholl and Mel van Elteren write: 'Americanisation and modernisation may sometimes be the same thing, but in each and every case care should be taken to distinguish one from the other.' (p. 2)
3. American models had exerted considerable influence even before this time, witness the wealth of examples in the 'Americana' exhibition in Museum Kröller-Müller, Otterlo (24-8 t/m 26-10-1975).
4. Details taken from H.M. Hirschfeld, 'Idee en ontstaan van het Marshallplan', *Herwonnen welvaart; de betekenis van het Marshallplan voor Nederland en de Europese samenwerking* The Hague 1954, pp. 15-23.
5. J. Tinbergen, 'De betekenis van het Marshallplan voor de Nederlandse volkshuishouding', *Herwonnen welvaart; de betekenis van het Marshallplan voor Nederland en de Europese samenwerking* The Hague 1954, pp. 24-29 (p. 28).
6. '*f* 303 millioen Marshall-hulp vrijgegeven; *f* 28 millioen voor Z.O.-Polder en hotelbouw' (303 million guilders in Marshall Aid released; 28 million guilders for Zuidoost Polder and hotel construction'), *Bouw* 1950 p. 188. See also: 'Marshall-gelden voor de wederopbouw; *f* 240 milioen vrijgegeven' (Marshall funds for reconstruction; 240 million guilders released'), *Bouw* 1949 p. 529.
7. A.H. Ingen Housz, 'Industrie en Marshallplan', *Herwonnen welvaart; de betekenis van het Marshallplan voor Nederland en de Europese samenwerking* The Hague 1954, pp. 37-44 (pp. 40-41).
8. The construction of the five Dutch barracks is documented in *1951-1953 Midden Nederland N.V.*, n.p., n.d.
9. Hans Sakkers, Johan den Hollander, *Luchtwachttorens in Nederland; Industrieel erfgoed uit de Koude Oorlog*, Middelburg, n.d.
10. The typescript of 'Luchtbescherming en stedebouw' (Air Defence and Town Planning), 1939 is in the De Casseres archive in the NAi (CASS 348).
11. J.A.M.M. Janssen, 'Inspelen op een nieuw fenomeen. Nederland en de dreiging van een atoomoorlog' in: J. Hoffenaar, G. Teitler (eds.), *De Koude Oorlog; maatschappij en krijgsmacht in de jaren vijftig*, The Hague 1992 pp. 132-146 (p. 133).
12. 'Schuilplaatsen in de onderbouw' (Air-raid shelters among the foundations), *Bouw* 1955 pp. 810-818.
13. 'De kroon op het werk', *Herwonnen welvaart; de betekenis van het Marshallplan voor Nederland en de Europese samenwerking* The Hague 1954, pp. 178-190 (pp. 186-187); 'Marshall-gelden voor herstel rampschade' (Marshall funds to repair flood damage), *Bouw* 1953 p. 342. American troops also helped to seal the breached dikes: 'Amerikanen dichten dijkgaten' (Americans fill holes in dikes), *Bouw* 1953 p. 121.
14. 'Studiereis naar Amerika; Gecombineerde vertegenwoordiging van werkgevers en werknemers in het bouwbedrijf' (Fact-finding tour to America; Combined representation of building industry employers and employees), *Bouw* 1950 p. 188; 'Minister In 't Veld: "Ik heb in Amerika geen verrassende ontdekkingen gedaan"; Op het gebied van de centrale voorzieningen in de woningen hebben de Amerikanen ongetwijfeld een voorsprong op Nederland' (Minister In 't Veld: "I made no surprising discoveries in America"; Americans have a clear lead when it comes to central amenities in the home), *Bouw* 1950 pp. 375-376; 'Amerikaanse impressies van Nederlandse bouwers; Uiteenzetting van ir. J.J.G. van Hoek over de resultaten der studiereis van vertegenwoordigers van werkgevers- en werknemersorganisaties' (American impressions of Dutch builders; J.J.G. van Hoek discusses the results of the fact-finding tour by employer and employee organizations), *Bouw* 1950 pp. 425-426; Ide Bloem, 'Het bouwen in Amerika' (Building in America), *Bouwkundig Weekblad* 1950 pp. 437-441; 'Bouwen in Amerika; Rapport van het "productivity-team" verschenen' (Building in America; "Productivity team" report published), *Bouw* 1951 p. 446; 'Baksteendeskundigen naar Amerika' (Brick experts off to America), *Bouw* 1952 p. 486; 'Boerderijbouw-deskundigen naar Amerika' (Farm building experts off to America), *Bouw* 1952 p. 543; 'Ingenieurs naar Amerika' (Engineers off to America), *Bouw* 1952 p. 651; 'Tweede productiviteitsteam naar de Ver. Staten; Studie op uitgebreider schaal' (Second productivity team leaves for the US; More wide-ranging study), *Bouw* 1953 p. 223; F.J. Fransen, 'Productiviteitsteam II in Amerika; Een korte samenvatting der eerste ervaringen' (Productivity Team II in America; A brief summary of first impressions), *Bouw* 1953 pp. 352-353; F.J. Fransen, 'Productiviteitsteam II in Amerika (2); Een korte samenvatting van verdere ervaringen' (Productivity Team II in America (2); A brief summary of further impressions), *Bouw* 1953 pp. 389-390; F.J. Fransen, 'Productiviteitsteam II in Amerika (3); Een korte samenvatting van verdere

ervaringen', *Bouw* 1953 p. 413; 'Bouwnijverheidsdag 1953; Gezamenlijk streven naar opvoering van de productiviteit; Ervaringen van het tweede bouwteam in de Verenigde Staten' (Building Industry Day 1953; Joint effort to boost productivity; Second building team's experiences in the United States), *Bouw* 1953 p. 931.
15. The Dutch participants in this trip published their experiences in *Hotelwezen en toerisme in de Verenigde Staten van Amerika*, The Hague (1950).
16. Another early example is Rein H. Fledderus who in 1946 published articles about his American trip in *Bouw*, including: Rein H. Fledderus, 'Bouwen in de USA 1: New-York; Onwetenschappelijke analyse van een stad' (Building in the USA 1: New York; Unscientific analysis of a city), *Bouw* 1947 pp. 338-340.
17. T [J.A.C. Tillema], 'Amerikaanse reisindrukken' (American travel impressions), *Katholiek Bouwblad* 1948-1949 pp. 61-66, pp. 78-81, pp. 85-91.
18. H.A. Maaskant, 'Vluchtige reisindrukken' (Brief travel impressions), *Bouw* 1948 pp. 256-258; J.H. van den Broek, 'Nieuwe winkels en warenhuizen in Amerika' (New shops and department stores in America), *Bouw* 1948 pp. 259-260.
19. J.T.P. Bijhouwer, 'Lonen, prijzen en woonstandaard' (Wages, prices and living standard), *Bouw* 1953 pp. 130-131.
20. G. Friedhoff, 'Studiereis naar de Verenigde Staten van Amerika', *Bouwkundig Weekblad* 1952 pp. 183-188. He had already expressed himself negatively in response to an article from *Architectural Forum* published in *Bouw* in 1946('De verticale bouwtrant; De wolkenkrabber in de Amerikaansche bouwkunst' [The vertical building trend; The skyscraper in American architecture], *Bouw* 1946 pp. 229-233). According to Friedhoff skyscrapers 'reflected an erroneous organization of society and can in no way be propagated' ('Lezers schrijven ons: De wolkenkrabber' [Letters to the editor: The skyscraper], *Bouw* 1946 p. 406).
21. F. Hartog, 'De Nederlandse economie tussen 1945 en 1970' (The Dutch economy between 1945 and 1970), *Bouw* 1970 pp. 695-698.
22. Jane C. Loeffler, 'The architecture of diplomacy; heyday of the United States embassy-building program, 1954-1960', *Journal of the Society of Architectural Historians* 1990 pp. 251-278.
23. See for example 'Het vervolg op Stone' (The Sequel to Stone), *Bouw* 1960 p. 296 and 'Stalen "Stone-gevels"' (Steel "Stone façades"), *Bouw* 1963 p. 461.
24. Yamasaki enjoyed more respect in America (Judith R. Blau, *Architects and firms; a sociological perspective on architectural practice*, Cambridge (Mass.)/London 1987 pp. 66-67). The Dutch took a different view of his work: '"Een beetje zwierigheid" II; Siergevels volgens ontwerp van de architect Yamasaki' ('Cutting a dash' II; Decorative façades according to Yamasaki), *Bouw* 1960 p. 409; 'Een Amerikaans "Venetië"' (An American 'Venice'), *Bouw* 1963 p. 361; 'De hoge-bogen-mode I' en 'De hoge-bogenmode II' (The tall arches fashion I and II), *Bouw* 1964 p. 862.
25. 'Crêpes Suzettes au kitsch', *Bouw* 1962 pp. 1430-1433.
26. 'Hiltonhotel te Amsterdam?' *Bouw* 1958 p. 99; 'Hotelbouw' (Hotel construction) *Bouw* 1958 p. 923. Where Hilton led, other American hotel chains followed. At the beginning of 1968 the first European Holiday Inn opened in Leiden. (T. de Jong, 'Holiday Inn te Leiden' *Bouw* 1969 pp. 1727-1729).
27. 'Schaal 1:1; Modellen op ware grootte, door een systeem van verstelbare wanden in het Bouwcentrum' (Scale 1:1; Life-sized models via a system of adjustable walls in the Bouwcentrum), *Bouw* 1955 pp. 824-825.
28. Phil Patton, *Made in USA; the secret histories of the things that made America*, New York [etc.] 1993 pp. 252-275.
29. A. Heijn, 'De ontwikkeling van de supermarkt in Nederland' (The development of the supermarket in the Netherlands), *Bouw* 1968, pp. 2071-2074.
30. The CBS (Central Statistical Office) has no figures relating to possession of a driving licence or a second car during the 1950s and 1960s. Driving licence statistics begin in 1978 when close on forty percent of adult women had a driving licence; in 1960 one in six households owned a car, in 1970 over one in two; the current average is almost one in one.
31. Note that the drive-in home is excluded from consideration here. In this type of house, that was all the rage in the 1960s and is currently making a come-back, the 'drive-in' aspect is limited to parking the car in a garage under the house.
32. The difference between a cafetaria and a luncheonette is that the first type has a self-service counter and tables and chairs, while in the second type the customers sit up at a long bar-cum-service counter. For definitions of the various types: W.S. Hattrell and Partners, *Hotels Restaurants Bars*, London 1962 p. 32.
33. 'Wat in Amerika mogelijk is en wat wij thans nog niet kunnen bereiken, maar wel dienen na te streven' (What is possible in America and what we cannot as yet achieve but should strive for), *Bouw* 1952 p. 882; 'Een technisch-volmaakte verschrikking; Amerikaanse keuken die té modern werd' (A technically immaculate horror; American kitchen that became *too* modern), *Bouw* 1952 p. 32.
34. *Nieuwe Rotterdamse Courant* 20 January 1968. For the history of the World Trade Center and the towers on Marconiplein see: Paul Groenendijk, 'Kantoorgebouw Marconihuis/Kantoorgebouwen Europoint II, III, IV' in: Anne-Mie Devolder, Hélène Damen (eds.), *Architectuur Rotterdam 1970-1995; 75 gebouwen gedocumenteerd*, Rotterdam 1995.
35. B. Eerhart, 'Less is Skidmore', *Wonen TA/BK* 1974 nr. 17 pp. 2-3.
36. D. Horringa, 'Het zelfdoen; enige achtergronden, oorzaken en ontwikkelingstendensen' (Do it yourself; background, origins and tendencies in brief), *Bouw* 1960 pp. 606-607: 'We can assume that the development of leisure activities in Europe will display a certain affinity with those in America, where "do-it-yourself" has been very much in evidence in recent years.' (p. 606); R. Zondervan, 'Het maatschappelijk verschijnsel "doe het zelf"' (The social phenomenon of 'DIY'), *Bouw* 1960 pp. 607-609: 'De bakermat van "do it yourself" ligt in Amerika, de geboortedatum in de periode 1945-1950' (The cradle of 'DIY' is in America, the date of birth in the period 1945-1950). (p. 607)
37. Architectura et Amicitia archive in the NAi (ARAM 173).
38. Redevelopment and urban renewal was a popular theme around 1970. See for example W. Huygens, 'De problematiek van bevolkingsconcentratie in de V.S.' (The problem of population concentration in the US), *Bouw* 1967 pp. 322-326, pp. 628-637, pp. 792-795 and pp. 956-963.
39. Exh. cat. Otterlo *Americana* (24-8/26-10-1975).
40. See for example: Harm Tilman, Arie Graafland (eds.), *Hoogbouw en compacte stad*, Delft 1984.
41. The board of Stichting Hoogbouw at the time of its foundation was made up of A. Boender, D. Dicke, J. Doets, R. van Engelsdorp Gastelaars, J. Mentink, G. van Otterloo, J. Rutten, J. de Vries and C. Weeber.
42. Paul Goldberger, *The skyscraper*, New York 1981; Tracy Metz, 'New York gelijkvloers; wat wolkenkrabber aan de stad teruggeven' (New York at street level; what skyscrapers contribute to the city), *Wonen TA/BK* 1985 no. 19/20, pp. 12-16.
43. The architects featured in 'Deconstructivist Architecture' were: Coop Himmelblau, Peter Eisenman, Frank Gehry, Zaha Hadid, Rem Koolhaas, Daniel Libeskind,
44. Special issue of *Wonen TA/BK* 1980 no. 21/22.
45. H. van Dijk, H. van Lingen, 'Het initiatief, de handelaar en de wereld van gedachten; de levensloop van het architectuurboek', *Archis* 1988 no. 11, pp. 42-50 (p. 49).
46. Marianne Loof, Jurriaan van Stigt, 'Form follows fancy; het populaire modernisme van Arquitectonica', *Archis* 1988 no. 4, pp. 16-25.
47. Rem Koolhaas, 'Atlanta: a reading' in: Jordi Bernardó, Ramon Prat (eds), *Atlanta*, Barcelona 1995 pp. 74-85.
48. Daan Bakker (et al.), *Expeditie LA*, Rotterdam 1995. See for example OMA's proposal for AIR-Alexander, reviewed in: Harm Tilman, 'De periferie als ontwerpopgave; zes benaderingen van de Alexanderpolder', *de Architect* 1993 no. 11, pp. 64-81 (pp. 78-81).
49. One of the most neutral descriptions of Disney can be found in: Beth Dunlop, *Building a dream; The art of Disney architecture*, New York 1996.

Colofon *Colophon*

Deze publicatie is verschenen ter gelegenheid van de tentoonstelling 'It's new, try it. Nederlandse architectuur en het Amerikaanse voorbeeld' in het Nederlands Architectuurinstituut te Rotterdam (24 mei t/m 20 juli 1997). Met bijzondere dank aan de Stichting Viering Vijftig Jaar Marshall Plan die de tentoonstelling en publicatie mogelijk maakte.
This book was published on the occasion of the exhibition of 'It's new, try it. Dutch Architecture and the American model' in the Netherlands Architecture Institute in Rotterdam (24 May - 20 July 1997). With special thanks to the Fiftieth Anniversary of the Marshall Plan Foundation, who made both exhibition and publication possible.

Vertaling *Translation*: Robyn de Jong-Dalziel
Beeldresearch *Image Research*: Anne Hoogewoning
Vormgeving *Design*: Mart. Warmerdam
Lithografie *Lithography*: Tunzi, Doetinchem
Druk *Printing*: Drukkerij Waanders, Zwolle
Bindwerk *Binding*: Boekbinderij Embe, Meppel
Produktie *Production*: Astrid Vorstermans
Uitgever *Publisher*: Simon Franke

Fotoverantwoording *Photo Credits*

ABC Press: p. 80r
ABN-Amro (foto/photo Picture Report): p. 84
Ahold: p. 53
Akzo Nobel: p. 11b
Archiefdienst Kennemerland (v/h Articapress Haarlem): p. 12
Arquitectonica (foto/photo Yoshio Futagawa): p. 96r
Aviodome (foto/photo NV Luchthaven Schiphol): p. 65
Nico Bick: p. 47
Michel Boesveld: p. 79
Maurice Brandts: p. 93
Martien Coppens: p. 13
Dienst ROEZ Groningen: 88t (foto/photo Arthur Blonk), 88b
Ellerbe Becket: p. 14
Esto: p. 18, 67l, 96l (foto/photo Ezra Stoller); 83 (foto/photo Peter Aaron)
Fotobureau 't Sticht, Utrecht: p. 60
Geerlings Vastgoed bv: p. 86, 90b
Gemeentearchief Amsterdam: p. 46
Gemeentearchief Barneveld: p. 54
Gemeentearchief Nijmegen: p. 52
Gemeentearchief Rotterdam: p. 19 (foto/photo Kees Molkenboer); 63t
Hedrich-Blessing: p. 57, 67r
Wim J. van Heuvel: p. 68
Jacob Holdt: p. 66
J. den Hollander: p. 16
Michiel Ibelings: p. 74, 76, 82, 92
Leo de Jonge: p. 17, 19, 27, 28, 29, 30
Lucas & Ellerman (foto/photo Sybolt Voeten): p. 63b
LIAG (foto/photo Gerald Ratto): p. 85
Koninklijke Bijenkorf Beheer (foto/photo Frits Monshouwer): p. 40
Kraaijvanger.Urbis: p. 41b
MAB Groep B.V., Den Haag (foto/photo AVEQ, Den Haag): p. 87, 94
J.J. Margry (foto/photo Bern. van Gils): p. 48, 49

Van Mourik Vermeulen (foto/photo Egidius van Dun): p. 33b
Nederlands Architectuurinstituut: p. 20, 21, 22 (archief/archive BNA); 25 (archief/archive Sijmons); 32 (archief/archive Maaskant - foto/photo Gerrit Burg); 37 (archief/archive Rietveld: t - foto/photo R.R. Frame, b - foto/photo Museum of Modern Art); 39 (archief/archive Blijstra); 55, 64 (archief/archive Stichting Goed Wonen); 91b (foto/photo Ger van der Vlugt)
New Deal, Amsterdam: 91t
OD 205: p. 30, 69
OMA: p. 98
Provinciehuis Zuid-Holland: p. 90t
Rijksarchief Flevoland: p. 11t
SOM Chicago (foto/photo Nick Wheeler): p. 81
Spaarnestad Fotoarchief: p. 9, 48
Stedelijk Museum Amsterdam (foto/photo Hogers/Versluys): p. 89
Steendrukkerij de Jong & Co (1965): p. 70
United Nations (foto/photo Milton Grant): p. 36
Jan Versnel: p. 33, 38, 41
J. van der Weerd: p. 80l; 8, 24; 31, 32b (foto/photo L. van Oudgaarden); 32t (foto/photo S.C. Kroos); 37, 38 (foto/photo Florian J. Lem); 44 (foto/photo Egidius van Dun); 45 (foto/photo Fas Keuzenkamp)

p. = pagina/page
t = bovenaan/top
b = onderaan/bottom
l = links/left
r = rechts/right

Van werken van beeldende kunstenaars, aangesloten bij een CISAC-organisatie, zijn de publikatierechten geregeld met Beeldrecht te Amsterdam. © 1997, c/o Beeldrecht Amsterdam
For works of visual artists affiliated with a CISAC-organization the copyrights have been settled with Beeldrecht in Amsterdam. © 1997, c/o Beeldrecht Amsterdam

Niet alle rechthebbenden van de gebruikte illustraties konden worden achterhaald. Belanghebbenden wordt verzocht contact op te nemen met NAi Uitgevers, Postbus 237, 3000 AE Rotterdam.
It was not possible to find all the copyright holders of the illustrations used. Interested parties are requested to contact NAi Publishers, P.O. Box 237, 3000 AE Rotterdam, The Netherlands.

© NAi Uitgevers, Rotterdam, 1997
Alle rechten voorbehouden. Niets uit deze uitgave mag worden verveelvoudigd, opgeslagen in een geautomatiseerd gegevensbestand, of openbaar gemaakt, in enige vorm of op enige wijze, hetzij elektronisch, mechanisch, door fotokopieën, opnamen, of enige andere manier, zonder voorafgaande schriftelijke toestemming van de uitgever. Voor zover het maken van kopieën uit deze uitgave is toegestaan op grond van artikel 16B Auteurswet 1912j[o] het Besluit van 20 juni 1974, Stb. 351, zoals gewijzigd bij Besluit van 23 augustus 1985, Stb. 471 en artikel 17 Auteurswet 1912, dient men de daarvoor wettelijk verschuldigde vergoeding te voldoen aan de Stichting Reprorecht (Postbus 882, 1180 AW Amstelveen). Voor het overnemen van gedeelte(n) uit deze uitgave in bloemlezingen, readers en andere compilatiewerken (artikel 16 Auteurswet 1912) dient men zich tot de uitgever te wenden.
© *NAi Publishers, Rotterdam, 1997*
All rights reserved. No part of this publication may be reproduced, stored in a retrieval system, or transmitted in any form or by any means, electronic, mechanical, photocopying, recording or otherwise, without the prior written permission of the publisher.

Printed and Bound in the Netherlands

Available in North, South and Central America through D.A.P./Distributed Art Publishers 636 Broadway, 12th floor, New York, NY 10012, Tel. 212 473-5119 Fax 212 673-2887

ISBN 90-5662-042-8